"湖南城市学院双一流应用特色学科学术文库"

基金项目：2019年湖南省教育厅科学研究重点项目——类型学视野下的湘粤边界土话的比较研究（项目号 19A089）

资助项目：类型学视野下的粤、湘边界土话音系比较研究（项目编号：2017GP013），湖南城市学院资助

湘粤边界土话的多维度比较研究

刘祥友　著

吉林大学出版社

·长春·

图书在版编目(CIP)数据

湘粤边界土话的多维度比较研究 / 刘祥友著.— 长春：吉林大学出版社，2023.4
ISBN 978-7-5768-1556-6

Ⅰ．①湘… Ⅱ．①刘… Ⅲ．①湘语－方言研究－对比研究－粤语 Ⅳ．①H174②H178

中国国家版本馆CIP数据核字(2023)第051981号

书　　名：湘粤边界土话的多维度比较研究
XIANG-YUE BIANJIE TUHUA DE DUOWEIDU BIJIAO YANJIU

作　　者：刘祥友
策划编辑：邵宇彤
责任编辑：王寒冰
责任校对：蔡玉奎
装帧设计：优盛文化
出版发行：吉林大学出版社
社　　址：长春市人民大街4059号
邮政编码：130021
发行电话：0431-89580028/29/21
网　　址：http://www.jlup.com.cn
电子邮箱：jldxcbs@sina.com
印　　刷：三河市华晨印务有限公司
成品尺寸：170mm×240mm　　16开
印　　张：12
字　　数：160千字
版　　次：2023年4月第1版
印　　次：2023年4月第1次
书　　号：ISBN 978-7-5768-1556-6
定　　价：78.00元

版权所有　　翻印必究

前　言

　　方言的演变有其内在因素的影响，即方言的自身独立发展；也有其外部因素的作用，即不同的方言之间的接触，必定导致方言的演变。方言间的接触会使方言出现新特点，甚至引发方言融合的现象。由于方言本体的特点越来越模糊，学者们在讨论其归属时，往往见仁见智，莫衷一是。湘粤边界的土话正处于这样一个语境之中。

　　湖南省永州与郴州分别与广东省的清远与韶关接壤，边界方言复杂，客、赣、湘、西南官话等均有分布。本书研究对象为散布在湘南、粤北边界地区的土话群落，核心为宜章、临武、乐昌、连州等湘粤边界地带的土话群。湘粤边界土话相互接触的历史悠久，清代阮元的《广州通志》有言："韶南连州，地连楚豫，言语大略相通，其声重以急"[①]，说明湘南土话与粤北土话自古以来就存在密切关系。赵元任为用现代方言学方法调查湘南土话与粤北土话第一人，1928年、1935年前后，他领导的方言调查小组对广东、广西方言及湖南七十五个县的方言进行了初步调查，调查点包括了乐昌、韶州、宁远、蓝山等地。在调查小组对湖南的各方言点进行调查后，由杨时逢在台湾整理出版了《湖南方言调查报告》（1974）。1956年到1960年，湖南省展开了大规模的汉语方言普查，出版了《湖南省汉语方言普查总结报告（初稿）》（1960），记录了"湘南

[①]　清代阮元的《广州通志》（第九十二卷）。续修四库全书。第671册。上海：上海古籍出版社，1995年，第144页

土话"中"蓝山土话""嘉禾土话"的音系和词汇。20世纪80年代,《中国语言地图集》(1987)在编写的过程中曾讨论到湘南土话、平话和粤北土话,笼统地划出了土话的分布范围,而关于其系属则囿于当时的条件未做出结论。

20世纪80年代末,学界对湘粤边界土话开始了大规模的单点研究。这一时期的标志性成果是《江永方言研究》(黄雪贞,1993)、《东安土话研究》(鲍厚星,1998)、《乐昌土话研究》(张双庆等,2000)、《连州土话研究》(张双庆等,2004)。这一时期的研究基本上是着眼于"点",对"面"上的研究成果很少,基本上没有涉及类型分析。

对湘粤边界土话的综合研究较早的有王本瑛、庄初升、牟廷烈等。王本瑛的博士论文《湘南土话之比较研究》(1997),是第一部综合研究湘南土话的著作。庄初升的《粤北土话音韵研究》(2000),是一部系统完整的区域方言的比较研究著作。牟廷烈的《粤北土话和湘南土话的音韵比较研究》(2002)第一次对湘粤边界土话的音韵进行了全面的比较。这三个研究成果在综合比较方面都有开创之功,是早期综合研究的最重要的成果。

对湘粤边界的土话研究进入全面深入的综合性探讨,其标志是对其内部分类和方言归属问题进行探讨,这一时期以土话定性研究为主导。2000年在广东韶关召开的"粤北土话及周边方言国际研讨会"开始研究湘粤边界土话分类和归属两大问题。2002年在长沙召开的"湘南土话及周边方言国际研讨会",使湘粤边界土话的研究更为深入,引起了学界的普遍关注。例如,罗昕如《湘南土话词汇研究》(2004)、范俊军《郴州土话语音词汇研究》(1999)、谢奇勇《湘南永州土话音韵比较研究》(2005)、卢小群《土话代词研究》(2004)、李冬香及庄初升《韶关土话调查研究》(2009),这些研究涵括了土话与非土话的比较、土话内部差异的考察、土话语音描写分析、土话语法词汇的研究以及归属问题讨论等五个方面的内容，较集中全面地反映了湘粤边界土话的语言面貌。此后有关湘粤边界土话的论文日益增多，至今已发表的相关论文有二百多篇，形成了汉语方言研究的一个热点。

上述专著和论文为湘粤边界土话研究乃至整个汉语方言研究做出了重要贡献。但也存在某些不足，表现在以下方面：

第一，研究视角较传统单一。湘粤边界土话的研究太过于侧重从共时平面描写其语音、从历时平面考察其本字。主要着眼于单点的语音研究：微观研究为主，宏观研究还很少。以往的研究忽视了从语音类型学、语言地理学、比较语言学等角度研究湘粤边界土话的关系，忽视从方言的语音系统结构出发，探讨人类语音系统在结构上的共性以及可能受到的约束，因而很难解决诸如方言归属等一系列语言学难题。李如龙 (1996) 倡导要对汉语方言的语音进行共时层面和历时层面的类型学研究，这是非常有远见的，它为我们研究湘粤边界土话提供了较新的视角。

第二，没有解决两者的关系问题。湘粤边界土话关系问题没有得到解决，仍是见仁见智：有的学者认为湘南土话和桂北平话是同一种方言；有的学者认为湘南土话和粤北土话关系密切。我们亟须新材料，为解决这些争议奠定基础。

第三，学界对湘粤边界土话的比较研究尚处于初始阶段，研究相对单薄，仅有牟廷烈的《粤北土话和湘南土话的音韵比较研究》、李如龙的《论混合型方言——兼谈湘粤桂土语群的性质》、李冬香的《平话、湘南土话和粤北土话鼻音韵尾脱落现象考察》等寥寥数篇论文，这对于争议颇多的研究来说无疑是一个大的缺憾。

第四，对湘粤边界土话的变异情况了解甚少。对于湘粤边界土话在相互接触中发生了哪些变异、变异过程如何，目前尚缺乏深入的研究。

本书的研究建立在前贤的研究基础上，并试图弥补这些缺憾。

全书共分十章，既有古今研究文献的综述，也有湘粤边界土话的浊声母类型分析及元音类型分析；既有地理类型学的分析，也有类型学视野下湘粤边界土话研究；同时涉及湘粤边界土话的归属研究与语音面貌的形成原因分析；最后还论及濒危语言的保护与传承的措施，内容相当驳杂。书中大部分章节在国内外书刊上发表过，本书算是我近几年来对湘粤边界土话所进行的研究的一个梳理总结。囿于作者的水平，书中存在不足在所难免，权当抛砖之作，以期来者。

  总之，本书将运用语音类型学的基本方法尽可能全面而深入地描写湘粤边界土话的语音面貌，为汉语方言的研究提供新的材料和事实，丰富汉语方言的研究。湘粤边界土话处于桂北平话、湘语、客家话及西南官话等多种方言交界的地带，是研究方言接触与变异的绝好素材。关于湘粤边界土话在与周边方言接触中产生的变异的个案研究，有助于深化对方言接触及其变异现象的认识。由于处在多种方言交界的地带，湘粤边界土话与周边方言有着千丝万缕的联系。关于湘粤边界土话部分方言归属的讨论，对认识其他交界地带方言的归属有着重要的借鉴作用，进而可以深化对方言分区原则的认识，对探讨交界地带方言的归属以及方言分区的原则有一定的实践意义。同时，本书也可以为其他语言分支的科学发展提供资料，这对厘清湘粤边界土话与其他方言之间的关系也有一定的研究价值。

  如果能够达到这些目标，著者就没有什么遗憾了。

著者

2022 年 10 月 30 日

目　录

第一章　古文献中的湘粤边界土话　/ 001

　　一、引言　/ 003

　　二、利用古文献进行土话研究的必要性　/ 003

　　三、湘粤边界土话的研究背景及古文献记载情况　/ 005

　　四、古文献中有关湘粤边界土话的变化与发展情况　/ 008

　　五、结语　/ 016

　　本章参考文献：/ 017

第二章　湘粤边界土话现代研究综述　/ 019

　　一、引言　/ 021

　　二、湘南与粤北两地的土话研究概况　/ 021

　　三、湘南和粤北两地方言词汇的异同的对比分析研究　/ 027

　　四、湘南和粤北地区的语音现象研究　/ 032

　　五、湘南和粤北土话的归属研究　/ 034

　　六、结语　/ 037

　　本章参考文献：/ 037

第三章　湘粤边界土话的浊声母类型分析　/ 039

　　一、引言　/ 041

　　二、湘南、粤北土话浊声母的今读特点　/ 041

三、湘南、粤北土话的浊声母类型分析 / 045

   四、湘南、粤北复杂语音现象产生的原因 / 048

   五、结语 / 050

   本章参考文献：/ 051

第四章 湘粤边界土话的元音类型分析 / 053

   一、引言 / 055

   二、湘南土话元音类型的具体分析 / 056

   三、粤北土话元音类型的具体分析 / 067

   四、湘粤边界元音类型的综合分析 / 072

   五、结语 / 074

   本章参考文献：/ 074

第五章 湘粤边界土话与地理类型学研究 / 077

   一、引言 / 079

   二、湘粤边界土话的复杂多样性 / 079

   三、湘粤边界土话的分布及其地形地貌特点 / 083

   四、结语 / 089

   本章参考文献：/ 090

第六章 湘粤边界土话的类型学研究 / 091

   一、引言 / 093

   二、湘粤边界土话的历史演变 / 093

   三、湘粤边界土话的分布和使用人口 / 096

   四、湘粤边界土话的声、韵、调类型研究 / 099

   五、湘粤边界土话的形成原因 / 111

六、结语 / 112

　　本章参考文献： / 113

第七章　湘粤边界土话的归属研究 / 115

　　一、引言 / 117

　　二、湘粤边界土话的语音分析 / 117

　　三、湘粤边界土话的词汇分析 / 120

　　四、湘南土话和粤北土话中类似其他方言的特点 / 127

　　五、结语 / 129

　　本章参考文献： / 131

第八章　语言接触视角下的湘粤边界土话语音面貌的形成 / 133

　　一、引言 / 135

　　二、共同语与土话互相渗透 / 137

　　三、西南官话的影响 / 139

　　四、湘赣粤客家语的浸淫 / 140

　　五、土家、苗、瑶等少数民族语言的底层残留 / 142

　　六、结语 / 143

　　本章参考文献： / 144

第九章　"互联网+"背景下濒危语言的保护与传承—以土家语为例 / 145

　　一、引言 / 147

　　二、从恩施土家语看濒危语言的保护与传承 / 147

　　三、"互联网+"的精神与理念 / 156

　　四、"互联网+"背景下濒危少数民族语言的保护与传承 / 158

　　本章参考文献： / 162

附录　乾嘉学派对现代语言研究的启示　/　165

　　一、乾嘉学派的研究特色　/　165

　　二、乾嘉学派对现代语言研究的影响　/　168

　　三、从赵元任等人的成就看乾嘉学派对现代语言研究的影响　/　176

　　四、结语　/　177

　　本章参考文献：　/　178

第一章　古文献中的湘粤边界土话

第一章　古文献中的湘粤边界土话

一、引言

在地方方言的研究领域中，已经有历史资料记载了自古以来湖南南部和广东北部地区的方言种类、详情。大到历代帝王朝廷组织编纂的地方志，以及近现代我国对语言地理归类所划分的七大方言分区，小到自古以来无数普通人的家信记载、文人墨客的诗句辞藻、戏子歌姬的戏剧弹词，乃至中外交往过程中无意带来的文化读物中的方言译本。这些前人为我们留下的财富是当今后人进行方言研究的宝贵资料，在各个方面有着不同的运用价值。

二、利用古文献进行土话研究的必要性

自文字和语言工作受到重视，建档以来，我国汉语方言历史层次的研究便如火如荼地开展了。汉语方言研究成为语言学界学者研究的热门。但在研究过程之初，忽略历史文献的作用，不能很好地平衡与方言史之间的关系，成为方言研究的最大阻力，使方言研究局限于某一既定的事实材料，甚至让方言研究走上了纯理论研究的道路。但是，笔者通过翻阅文献与阅读学界前人的相关研究成果，细微觉察到在方言研究的发展道路上，汉语方言史的研究日益受到重视，一些学者开始利用方言志、地方口语文学作品、史书文献中的移民史等记录资料，深入地对方言方音、方言习语进行探索，成果颇丰，如龚煌城《十二世纪末汉语的西北方音（声母部分）》(1981)、王洪君《山西闻喜方言与宋西北方言》(1987)、鲍明炜《南京方言历史演变初探》(1986)、钱乃荣《上海语言发展史》(2003)等，都是非常典型的现代方言与历史古文献的完美结

合。近年来，一些学者还专门发文论述，认为以文献为基础的方言史研究势在必行。

当然，光知道古文献对于方言研究的必要性而不知具体从何下手是远远不够的。要想弄清楚我国浩瀚古籍中关于某些地区方言情况的记载，首先我们要弄清楚这样一个问题：中国人对于方言的研究已经有多久？"方言"一词最早出自扬雄的《輶轩使者绝代语释别国方言》（以下简称《方言》），此书被认为是中国第一部对方言词汇进行比较研究的专著。由此可见，我国在汉语方言领域的研究之初，是根据词汇的比较进行方言之间的调查与概括的。但这样的结论并不是确凿和权威的，语言学界对于《方言》一书的问世给了极高的评价：它的问世表明了中国古代的汉语方言研究已经由先前的萌芽状态逐渐发展起来。但是，中国古代方言确切的萌芽时期究竟是什么时候，我们不得而知；对处于方言研究萌芽时期的中国古代学者研究方言的方法论、落脚点、最初的目的是什么，我们也无从得知。所以，笃定地认为中国古代方言研究以词汇比较作为切入点，是完全经不起推敲的想法。不仅如此，关于此书，还有一处非常值得关注的点，那就是《方言》把个人亲力亲为地实际调查作为研究语言的重要方法。这也为我们当代的方言研究，树立了脚踏实地的研究作风。

近年来，由于国家对语言规范及方言保护的重视，有着亲属关系的不同方言区得到了学术界的关注，其中就有关于湘南土话和粤北土话关系的研究探讨。湘南土话和粤北土话由于语言内部体系本身的复杂性，加之历史上两地的人口结构变化很大，因此历史文献对于两地的方言史料记载并不丰富。即使这样，我们仍然能从现有的历史文献中搜寻我们所需要的材料。另外，笔者希望从目前领域中学者极少接触的文献调查法入手，以古文献为切入点，努力更好地利用古文献，进一步完善湘粤边界土话研究的理论体系。

三、湘粤边界土话的研究背景及古文献记载情况

（一）湘粤边界土话的研究背景

1. 湘粤边界土话的地理背景

要想知道湘粤边界土话在历史上的语言归属和分类，首先我们需要清楚地了解湘南、粤北地区在地理位置上的关系与大致情况。首先来看粤北地区，在林立芳和庄初升教授《粤北地区汉语方言概况》一文中指出：粤北地区即广东省北部，而更具体的地理位置则是指梅州、河源、清远、韶关、云浮五个地级市所管辖的范围。[1]另外也指出了粤北地区在东、西、北三地分别与江西、广西、湖南毗邻的县市，交代了粤北地区的大致山川、水系概貌。再看湘南地区，湘南即湖南南部，现尤指郴州和永州所属范围。湘南地区的山川水系情况繁杂。在湘南与粤北地区关于地理位置和环境的比较中我们可以发现二者之间的共同点：湘南、粤北地区中的方言情况之所以如此多样，与二者复杂又相似的历史和地理条件是密不可分的。粤北地区除了分布较明显的客家话、粤语、闽南语之外，还存在着一些至今归属未名的粤北土话。在湘南地区除了性质明显的西南官话、赣语、湘语、客家话外，也同样存在着大量分布零散、毫无系统结构的湘南土话，《中国语言地图集》中称之为"韶州土话"。[2]

2. 湘粤边界土话的历史背景

前文我们简要概括了湘粤边界的客观地理背景，在进行湘南、粤北边界地区土话的研究过程中，我们也不能忽视其历史发展背景。华夏民族是一个有着几千年文明历史的古老民族，在中国这片广袤土地上生存繁衍的人类使用的语言，也并不是一成不变的。据记载，粤北地区在汉

代以前的地方语言以百越话为主；到了唐代中后期，逐渐以韶州土话和客家话为主；而到了明朝，由于"明初大移民"运动的兴起，湖南广州等地涌入了大量的江西人口，庄初升教授的《粤北客家方言的分布和形成》也记载了这一现象，指出：粤北土话可能是历史上"江西填湖广"的移民运动就近扩散到粤北而形成的。[3]直至近现代，由于战争及一些较大的社会事件，广州话又开始在粤北地区出现并扩大影响。湘南地区从远古时期就已经有人类居住，战国时期湘南地区的语言主要是以瑶语为主；到了秦始皇时期，为了统一全国，战争中大量汉人兵力驻留在湘南，这就对湘南地区原本就不稳固的瑶语语言系统造成了绝对冲击；再后来的宋明清时期，移民、战争、朝政改革、方言融合等众多外在因素也导致了现在湘南地区语言的多样性和复杂性，这些因素我们后文会做进一步详细的介绍。

（二）古文献中有关湘粤边界土话的记载

前文所述，为我们交代了湘南粤北边界土话研究的客观历史背景，我们可以通过自古以来各语言学者的研究论述加以佐证，让我们更加清楚地掌握湘南、粤北边界地区的语言接触现象和以往的情况。如扬雄在《方言》中就经常提到关于楚地、南楚、齐楚之间、南楚之外、陈楚之郊等地的方言情况，粗略提到各地之间方言的不同，又举出相关语言事实用来记录粤北连州一带的方言，提到它们"母谓之媓""妇妣曰母姼""妇考曰父姼"等，这与今天宁远等湘南部分地区的某些土话中仍保留的"姼"音有着共同点；又由相关史料记载的湘南和粤北交界处居民以瑶族众多，如唐《梁书》云："湘州界零陵、衡阳等郡，有莫瑶蛮者，依山险为居……"，可以分析得出湘南地区的语言中，瑶语是重要的组成部分；[4]《宜章县志》中也描述了当地方言的复杂："民多汉语，亦有乡谈。军音类茶陵，商音类江西，新民音类福建。除土话外，其操官音者亦积久而讹，骤聆之不解为何字，……轻重清浊略异"；清嘉庆时期编纂的《嘉庆道州志》风土卷中，也简要指出："乡间皆有土话，与官话全异，虽生长于斯者亦难通晓……"。[5]而到了道光年间组织修撰的《永州府志》中，更是分别指出了"道州"（今属湖南永州）、"零陵"（今属湖南永州）、"宁远"（今属湖南永州）、"永明"（今湖南江永县）等地的不同土音，揭示了我国同一方言区和共同地理范围之内不同地方的土音差别。[6]形成这种现象的原因，在《清远县志》和周府君《功德碑》中均可粗略地了解到，都是在特定的地理历史等客观背景之下形成的。所以，要想在现代汉语语言学如此发达的当代进行古文献中有关湘南、粤北等地土话的研究，我们任重而道远。不过，也已经有学者注意到了古文献在方言研究中的价值，开始整理和搜集部分相关的语言材料。以林立芳和庄初升教授为首，在他们的学术研究报告《粤北地区汉语方言概况》一文中，就将目前所能搜集到的关于粤北方言的记载，全部列出供人参考。

关于粤北地区的方言史料，自晚清以来，特别是民国时期最为典型，但也因为当时社会科技水平、认识能力等方面的不足和欠缺，地方史志都比较零散、简单。从清朝阮元的《广东通志》记载的"邵南连州，地连楚豫，言语大略相通"便可得知，粤北地区与湘南地区的方言至少自古以来就分属于两种不同的语言体系或是语言类型，但在清朝学者的论述中，认为二者在语音、声调等方面就已经存在着相似性。《仁化县志》《清远县志》《连县志》等地方志针对粤北地区土话也进行过粗略记载。清康熙《长宁县志》有云："方言有二，一水源音，一客家音"，清咸丰《佛冈厅志》有记载："其方言有土著，有客家……其音各近所邻之广、惠、韶，大同而小异焉。"都证明了笔者前文所提到的，粤北地区各朝形势、政局的变化，影响了语言的融合与变化。[7]

四、古文献中有关湘粤边界土话的变化与发展情况

（一）语言接触对湘粤边界土话的影响

语言是文化的代码，语言的背后是文化，不同语言代表了不同的文化。当不同的语言相互接触的时候，不同的文化也随之产生交流。贸易、文化交流、移民、战争等各种类型的接触都会从一定程度上引起语言的接触。那么，对于湘粤边界土话的发展变化，引起语言接触的种类又是什么呢？研究一种语言的存在与发展，最根本的是要找寻它的地理原因，湘南粤北地区的地理位置，我们在前文也有十分清楚地阐述和交代。既然已经找到了语言接触的地理原因，那么接下来我们就对影响湘粤边界土话的语言接触类型进行大致的说明和阐述。

1. 湘方言和湘粤边界土话的接触

湘南地区的郴州、永州乃至整个秦岭以南，过去都是"南蛮之地"，交通闭塞，人们与外界几乎没有接触，自从有先民居住，语言体系便只有相对单纯的土话。"楚言"（或称"古楚语"）最早见于《左传》，是湘语可追溯的最早的源头，这说明楚方言在春秋时期就已经形成，但根据《礼记》记载："楚人呼陈及陵声相似，故云楚人声。"可以得知此时的"楚方言"与中原的雅言有别。而后又因为楚地闭塞、历代王朝建都多在北方，楚方言经过不断的发展演变与中原地区的汉语言差别逐渐加大、割离。《孟子·滕文公上》中就有记录旁敲侧击地讥讽楚人说话如鸟语，从而论证了前文所指的中原语和楚地语言有巨大的差别。又通过查阅《左传·宣公四年》《楚辞》等文学作品，探究其中"楚人谓乳谷，谓虎於菟"，语词"兮""些"等的记载，发现了古楚语在语音、词汇甚至语法上的特征。[8]

中国的封建王朝时期，封建帝王对于版图扩大的野心和对地方势力

第一章 古文献中的湘粤边界土话

的掌控更加强烈,但那时湖南大部分的地区仍是以古瑶族、苗族居民为主,湘南地区少数民族实力强大,古湘语和当地少数民族语言长期共存。随着不断地开垦和征服,湘地内部语言开始产生了小规模的变化和结合,湘方言对少数民族的语言产生了冲击和影响,湘粤边界地区的语言也逐渐具有了湘方言的色彩,孕育出湘粤边界方言的历史韵味。[9]

2. 官话和湘粤边界土话的接触

前文我们提到,湘南地区和粤北地区都处于多山、相对封闭、复杂的地理环境之中,而根据古文献和各地县志中的记载,我们可以得知:湘粤边界的语言、人文情况,在一定时期中应该是相对稳定的。正是由于封闭的地理位置,"南楚方言"(或称为"古湘语")才能够在这个区域得以保存和发展,比起湘中北部地区,受北方方言影响的时间相对较晚。但是,中华五千年的文明并不是单一的文明,而是由众多绚丽的文明集合与碰撞形成的。在社会发展史上,随着群体之间的交往进入了更深层次的发展,人类社会的多样性和复杂性也为人类的交往、流动带来了可能。

秦时,始皇为了统一天下、实现自己称霸的壮志,对岭南地区发动了战争。周去非在《岭外代答》卷一《地理门》条下云中"……自湖南之郴入连,三也。"我们便能得知,到达南岭的五条通道有三条基本上都是要必经湘南地区的。贾谊在《过秦论》中对此也有所记载:"南取百越之地,以为桂林、象郡。百越之君,俯首系颈……"。岭南文化与中原文化的融合,正是从《史记·南越列传》"秦时已并天下,略定杨越"起始的。于是,来自北方的大量兵力开始南下修筑灵渠等防御、交通工程,于是,携带官话口音的人民开始大量涌入湘粤一带,官话也冲击着当地原本稳固的土话、瑶语系统。汉代,据《史记·南越列传》记载,汉武帝出兵南越,其中一支部队"出零陵,或下离水";《后汉书·郑弘传》

也有云"弘奏开零陵、桂阳峤道，于是夷通，至今遂为常路"。军事行动又为湘粤一带带来了大量的官音输入，完成军事征服的同时，也推进了语言文化的融合。明初，朱元璋统一天下，以南京话为正宗的官话成了举国上下的正统语言。《利玛窦中国札记》就有提到，"整个帝国通用的口语，被称为官话，是民用和法庭用的官方语言。"这种官话也逐渐开始在湘南粤北地区流传。在湘南粤北一带做官的人必须使用官话，不然就会出现哪怕在相邻不远的村寨，官员都听不懂对方所说的话，这也是官话能在湘粤边界一带方言区迅速推广的原因。

截至现在，还有学者认为官话甚至还将会取代整个湘南地区的方言。

3. 客赣方言和湘粤边界土话的接触

前文提到，湘南粤北一带的官话给当地湘语、瑶语系统带来了冲击和影响。即使这样，湘南粤北一带的官话仍然非常年轻，语音、语流和词汇等方面仍存在着非官话系统的特点。我们从客赣方言和湘粤边界土话的语言接触中能够探究出一些原因。

根据江西移民文献《会同县志》附录中的记载，我们得知在当地七十八支氏族族谱中，有四十八支来自江西。这些来自江西的移民使湘南某些地区的语言带上了赣语的色彩，这些移民借着古代交通通道及地区经济发展的便利，有一部分南下到达粤北粤中地区。从唐末开始，江西的移民开始进入湘南，往后的各朝各代都有大量移民进入湘南，从各县的县志中我们也可以得到这样的论证：绝大多数的湘南移民是宋、明、清时期移民过来的。由于赣地移民数量大，时间间隙短暂且集中，于是原本存在于湘南一些地方的方言在这种情况下发生了根本的变化。关于客家方言和湘粤边界土话的接触，鲍厚星也在研究中提到，正是由于湘南某些地方土话明母字的今声母分布十分规律，与闽地某些区域方言吻合度很高，从此促成了两种方言的交流与融合。[10] 从客赣方言与湘南粤北地区语言的接触，我们得到一个结论，即湘南粤北是湘语、官话、客赣等方言形成的多元化接触地区。这个结论对于我们下文将要分析的湘粤边界土话的具体变化提供了有力的支持。

（二）湘粤边界土话的具体变化及影响因素

1. 湘粤边界土话在语音词汇方面的具体变化

前文谈到，湘粤边界土话由于受自身内部和外部条件的复杂影响，语言变化差异较大。尽管我们现在已经无法感受到历朝湘粤边界土话的韵味，但是通过古文献、语言学界学者的探究和记录，在土话的语音和词汇方面，我们仍然可以感受到一种语言从出现到成长再到逐渐淡化的过程。按照前文所述，由于湘南、粤北地区特殊的语言地理环境，语言接触成为汉、侗、苗、瑶等多民族杂居地区语言演变和发展的主要因素之一。不同语言的社团成员聚居一地、外民族的迁徙和侵占、地区间经贸往来和跨地区的文化交流等都让原本自成一体的湘语发生了改变，正如前面我们提到，赣语色彩、官话色彩、客家话色彩逐渐进入湘南、粤北地区，从而使湘粤边界一带的语言逐渐有了和湘语不同的音感差异。

关于语音方面：全浊声母清化，这是整个人类语言历史上的规律之一，自然也是湘粤边界土话语音变化的规律之一。罗昕如（2003）也提到湘语的突出语音特征：古全浊声母今读塞音、塞擦音时，不论平仄，一般不送气。[11]如《湖南省志·方言志》就记载永州零陵、冷水滩有 [b]、[d]、[z]、[ʑ]、[ɣ] 五个"正在走向清化，浊音特色不太强"的浊音声母。而在前文，笔者花了大量的笔墨阐述官话、客赣方言、湘方言和湘南粤北土话的接触影响，自然在我们讨论湘南粤北土话语音的具体变化时，也要将这些因素考虑进来。[12]官话对土话语音系统的影响虽然十分缓慢也十分不均衡，但它最终会导致土话词语的读音慢慢向官话靠拢。通过近年来语言学界学者们的研究成果可知,湘南粤北土话中虽然存在鼻音韵尾脱落的现象,但我们目前却很难从中找到明显的规律,也无法确定产生这种情况的影响因素,从而找出鼻音韵尾脱落的演变规律。只能大致根据史书典籍的记载得知历史上江西移民时期,湖南境内鼻音脱落现象的分布恰好与赣方言影响区大致相同:东南片移民较多影响较大,鼻音韵尾脱落明显;西北片移民少,受到的影响也小。

再看词汇方面。广东省北部与湖南省南部接壤,无论是从民间交往历史还是从生活习俗方面,两者的文化都十分相似,最重要的是,两者都属于多方言区。如今普遍用于湘南土话中的一些特色词,我们很少能在别的方言区找到,这些特色词保留了古通语、赣语或客家话的词汇特征,如"息"表示曾孙或者表示小,"食"是动词吃,客家话"食饭唔?"询问吃不吃饭,"话"为动词说或表达,"岭"表示山,"恐"表示惊吓害怕……当然,这些词汇都是近年来语言学界学者亲力亲为,下到田间地头记录、收集的结果,如若我们想要找寻从古至今湘粤边界土话词汇的变化规律,还需要回到古文献中加以论证。[13]从存在于湘粤边界土话中的一部分词中,也可以看到它们广泛存在于客家话、赣方言等南方方言中,如《广韵》记载:"尽也,散也,又绳索。"而今湘南土话中,人们也把绳子多说为"索子"或"索仔(崽)";《玉篇·水部》有云"淋水浇也。"如今湘南土话中也把浇水、浇粪多说成"淋水""淋肥"。谈及湘方言对湘南粤北土话词汇的影响,《方言》卷十有云"崽,子也,湘沅之会,凡言是子者,谓之崽;若东齐言子也。"现今整个湖南湘语区都称儿子为"崽",这是湘南土话与湘语有着共同源头的一个重要体现和证明。同样是《方言》中的古楚语词,"息"在湘语中也沿用了下来,如湘东南、湘东北一带说"息伢子";今永州方言中,某人有两个儿子,把小儿子称作"老息"等。而"媸"(chǐ)则不见于湘语,只在湘南粤北土话中被传承下来。现湘南粤北土话称外公为"媸公",称外婆为"媸婆",

而古时却称妻子的妈妈为"母媭",称妻子的爸爸为"父媭"。由此可见,随着古楚语的发展演变,湘南粤北土话和湘语的差别越来越大。虽然湘南方言源于古楚语,但由于湘南地区地理位置的特殊性,加上自古以来移民、屯军、方言接触、少数民族等多方面的原因,造成了现在湘南方言词汇和粤北方言词汇的多样复杂性。[14]

2.从古文献中看湘粤边界土话变化的影响因素

开头我们讲到了湘粤边界土话历史上的归属和相关情况,接下来要讨论造成湘粤边界土话复杂包容的原因。我们在前文简单阐述了湘南、粤北地区的历史概况,也简单说明了湘粤边界从百越话到韶州土话、客家话等众多方言混合使用的一部分原因。接下来具体来看,这些因素是如何影响到湘粤边界土话变化的。

(1)移民运动对湘粤边界土话的影响。首先,还是我们所熟悉的移民问题。湘粤地区人类起源、居住的历史都比较早,但都是以少数民族为主,不过这个时期也肯定有一些汉族的居民。至今,有关舜帝的许多传说还存在于湘南的某些地区,如《史记》里就有记载"舜南巡狩……葬于江南九疑,是为零陵",因此我们得知,即使古时处于偏远的湘粤地区,也有一些汉人居住。曾献飞整理了古文献中各县的《县志》记载,总结指出自古以来湘南绝大多数的移民其实都来自宋、明、清时期,这与上文提到百姓口中常说的"湖广填四川,江西填湖广"正好相互印证。[15]崔荣昌的《四川境内的湘方言》也从四川地区的语音方面证明了古代湖南人口迁移对该地区语言的影响,如保留了"永州腔""新派湘语"等特点。曾献飞通过大量的论述指出了外地移民来到湘南地区的四种主要形式:做官或经过湘南时在此定居、来湘南避难、屯军于湘南、遭贬或流放于湘南。《佛冈县志》也有提到"新客家则以龙川、长宁……迁来者为多,各区皆有之"。

而对于粤地移民，《佛冈县志》有云："其方言有土著有客家"；加之后来粤北地区在唐宋两朝时交通上的优势开始凸显，北方大量移民来此定居，《新唐书·地理志》记载：在广东省，连州与韶州的户数仅次于广州都督府户数，而连州、韶州两地户数合计超过了广州都督府的户数总数；《元丰九域志》更是再次给出史料，说明了元丰年间韶州、连州、南雄州居住户数较唐朝甚至多出一倍。可见，移民问题是历史古文献上所记载的关于某地语言变化最主要也最为重要的原因之一。[16]

（2）战争对湘粤边界土话的影响。中华大地自古以来就是战争与和平共存的居住地，虽然"和"始终占据了主导地位，但冲突在这片文明的土地上也从未消失。秦始皇征服岭南，为湘南粤北地区输入了大量的汉人，汉人数量迅速增长、居住范围迅速扩大，当地少数民族人民的生活领域缩小，汉族与当地少数民族不断融合，当地地方语言便慢慢地带有了规范汉语的味道。王莽时期，北方人民不堪战乱，纷纷迁至南方，导致湘南的人口构成发生了重大的变化，又加上湖南是通往两广地区的咽喉之地，大量因为战争屯兵驻军的北方士兵们到达湖南之后选择留了下来，为湖南地区带来了官话孕育发展的条件。宋末元初，朝代更迭，黄慈博在《珠玑巷民族南迁记》中记载了元军入侵时粤北地区百姓锐减、逃亡的状况，《客家源流考》中记载严重的战乱，导致了粤北地区在这一时期的人口流失最为惨重。明初社会动荡、福建地区自然灾害频多造成大量客家人向粤北迁移，这无疑对粤北地区土话的发展造成了严重冲击。前文所谈《宜章县志》中记载"军音类茶陵……骤聆之不解为何字"。其中，军音即我们常说的官话，是守军带来的官话。由此可见，战争的影响使官话进入湘南地区并与土话共存，此时外部条件变得更加复杂，土话结构受到冲击，官音也在此基础上产生了讹变，最终导致当地人民"骤聆之不解为何字"。战争也就理所当然地成了影响湘粤边界土话发展变化的又一重要因素。

（3）政治政策对湘粤边界土话的影响。以上两个方面是从移民、战争的角度来探究湘粤边界土话变化的影响因素，但我们必须明确一个认识：任何移民问题、战争冲突都离不开统治者的政治、经济政策思想，也离不开当时时代潮流的框架。从我国第一个封建王朝秦朝开始，历代统治者便制定了各种维护国家统治的政治经济纲领：拓土开疆、民族融合、重农抑商……秦朝统一中国后在南方地区设立了管辖区，汉朝在秦朝的基础上调整管辖区的管辖权和管辖范围。粤北最古老的汉碑——《神汉桂阳太守周府君功勋之纪铭》碑，记述了当时地区的经济开发情况："郡（指桂阳郡）又与南海（郡）接比，商旅所臻，自瀑亭至于曲江，一由此水。……（经整治后）小溪平直，大道允通，抱布贸丝，交易而至。"到了明朝，官话成为国家通用的正统语言，正是由于前面历朝历代的政治经济维护，官话在湖南甚至整个南方地区开始广泛流传。派往南方地区做官的官员、去往南方驻守的官兵也都成为官话在南方地区传播的催化剂，《汝城县志》就记载过，明朝汝城县的历任知县没有一个是土生土长的湖南人。此外，为官上朝要讲官话，官员在日常的公务处理和交际中也要求使用官话，读书人在考学和日常交往中也会重点学习和使用官话，于是读书人成为官话推广的主力军，而湘粤地区自古以来也是考学、考官人数较多的区域，这一点可以通过流传在民间的故事《义老大学官话》和李润强《清代进士的时空分布研究》中的清朝进士人数分省统计表体现出来。[17]清屈大均在《广东新语》卷二中也有提道：即使南安有守，而精骑间道从郴、桂（即郴州、桂阳）直趋，可以径薄韶阳，横断南北也。由此可见，在维护国家统治、提高行政效率、进行军事管理方面，湘南地区的优势明显。这一切都从政治政策的各个方面影响着湘粤边界土话的演变和发展。

(三)湘粤边界土话的未来发展

多年来,湘粤边界土话的归属一直都是学术界关注的问题,一方面学者通过大量科学、实地的调查研究指出了湘粤边界土话在当代语言交际发展中的弱势地位,提出了湘粤边界土话终将走向消亡的预言;[18]另一方面,随着国家大力推广普通话,一些方言保护和土话样品记录的行动也在以星星之火的方式零星地存在着,人们开始逐渐意识到少数民族语言和地区方言的重要性,学术界开始思考方言学对汉语发展的重要作用、开始思考方言学与其他学科的关系、开始思考方言学对人类发展最根本的意义所在……

语言是一种音译结合的符号系统,是人们最重要的交际工具和思维工具。历史上的许多语言,我们已经无法再次听到了,它只能作为语言的样本保存在语言博物馆里,即使有所记录有所保存,但这些语言在当时运用的韵味却永远也找不回来了。正是因为语言学术界意识到了这个问题,所以自新中国成立以来,学者们就通过各种调查研究来对湘粤方言进行抢救、保护。与此同时,地理类型学、历史语言类型学等多种学科也为方言研究开辟了新的方向。笔者相信,通过科学和调查和学术界有志之士的共同努力,湘粤边界土话研究的推进和深化工作一定会有质的飞跃。中国语言的园地里不应该只存在一种鲜花,而百花共存、百花齐放才是语言学界人士共同的愿望,湘粤边界土话也将会是中国语言园地中一朵鲜艳、常开的香花。

五、结语

本章以湘粤边界土话为研究对象,以语言学界学者们较少涉及的历史文献研究法探讨了湘粤边界土话的情况。对湘南、粤北边界土话语音进行古文献资料收集的分析是以往学者们很少做的工作,但却对湘南、粤北边界土话的研究有着重要意义,同时也对湘粤边界地区人们交流沟通的古今变化情况有着重要的研究价值。本章通过古文献来学习和了解前人对于湘粤边界土话的思考和研究，又辅之以现代科技手段、学术成果对其加以论证、完善。谈论了移民运动、军事战争、政治政策等语言接触对湘粤边界土话带来的影响，以及在语音、词汇、语法方面的不同表现。总之，通过古文献我们可以大致了解湘南、粤北地区语言古今的异同，为湘粤边界土话的保护和研究指出了新的方向。

本章参考文献：

[1] 林立芳，庄初升.粤北地区汉语方言概况[J].方言，2000（2）：126-137.

[2] 中国社会科学院语言研究所，中国社会科学院民族学与人类学研究所，香港城市大学语言资讯科学研究中心.中国语言地图集：第2版[M].北京：商务印书馆，2012：49-100.

[3] 庄初升.粤北客家方言的分布和形成[J].韶关大学学报（社会科学版），1999，20（1）：7-14.

[4] 湖南省宁远县地方志编纂委员会.宁远县志[M].北京：社会科学文献出版社，1993.

[5] 嘉禾县地方志编纂委员会.嘉禾县志[M].合肥：黄山书社，1993.

[6] 湖南省道县志编纂委员会.道县志[M].北京：中国社会出版社，1994.

[7] 新田县志编纂委员会.新田县志[M].北京：新华出版社，1995.

[8] 李树俨.粤北土话及周边方言国际研讨会述评[J].韶关学院学报（社会科学版），2001，22（2）：26-35.

[9] 刘祥友.湘南土话语音的历史层次[D].上海：上海师范大学，2008.

[10] 鲍厚星.鲍厚星湖南方言论稿[M].长沙：湖南师范大学出版社，2017.

[11] 罗昕如.湘南土话词汇研究[D].长沙：湖南师范大学，2003.

[12] 庄初升，林立芳.粤北土话中古全浊声母字今读的类型[J].语文研究，2000（2）：48-53.

[13] 王勤.金相玉质，汉语方言词汇研究的新成果——读罗昕如《湘南土话词汇研究》[J].湘潭大学学报（哲学社会科学版），2007，31（1）：159-160.

[14] 范俊军.从词汇看粤北土话与湘南土话的异同及系属 [J]. 华南师范大学学报（社会科学版），2000（3）：59-64.

[15] 曾献飞.湘南方言的形成 [J]. 湘潭师范学院学报（社会科学版），2004，26（1）：104-106.

[16] 王福堂.平话、湘南土话和粤北土话的归属 [J]. 方言，2001（2）：107-118.

[17] 李润强.清代进士的时空分布研究 [J]. 西北师大学报（社会科学版），2005，42（1）：62-68.

[18] 唐伶.永州南部土话语音研究 [D]. 北京：北京语言大学，2005.

第二章　湘粤边界土话现代研究综述

第二章 湘粤边界土话现代研究综述

一、引言

湘南和粤北土话的研究受到越来越多学者的关注，本章以湘粤边界地区土话为研究对象，全面梳理湘粤边界土话的脉络，概述前人对两地土话的研究，具体从湘粤边界地区土话的形成、两地词汇的异同、两地语音现象的异同三个方面来进行对比分析，以发现目前研究所存在的问题，为进一步保护和传承湘粤边界土话提供依据。

二、湘南与粤北两地的土话研究概况

（一）湘南地区土话的研究概况

湖南省永州与郴州分别和广东省的清远与韶关接壤，边界方言复杂。本章研究对象为散布在湘南、粤北边界地区的土话群落，核心为宜章、永州、清远、韶关等湘粤边界地带的土话群。关于湘南土话、粤北土话的情况，西汉杨雄《方言》中就有"南楚""南楚湘江之间"之类的地理概念。清代阮元的《广州通志》明确指出："韶南连州，地连楚豫，言语大略相通，其声重以急"，说明了粤北与湘南的方言自古以来就存在的密切关系。晚清以来的《仁化县志》《清远县志》《连县志》均有粤北土话的零星记载。清道光八年修撰的《永州府志》中在"土音分释"一栏中分别列出了"道州""永明""零陵""宁远"等地的土音，并记有方言词若干。这些语言资料对我们了解湘南、粤北土话的历史面貌弥足珍贵，但囿于当时的社会、科学技术条件，这些记载非常零碎笼统。由于没有一套科学完备的记音方法，我们很难了解当时土话的语音面貌，遑论其共时结构类型与历史演变类型。

　　湖南南部的衡阳、郴州、永州三市（20世纪80年代以前分别称衡阳地区、郴州地区、零陵地区）通常被大家称为"湘南地区"。这一地区东部与江西省、这一地区西部与广西壮族自治区、这一地区南部与广东省交界。其中的永州市、郴州市境内的不少县市，包括永州市所辖的芝山、冷水滩、东安、双牌、江永、江华、道县、宁远、新田、蓝山10县区，郴州市所辖的桂阳、嘉禾、宜章、临武、汝城、资兴6县市，总共16县（市、区）存在着一些与当地的"官话"完全不同的"土话"，我们将这些称为"湘南土话"。在《中国语言地图集》中有这样的描述：湘南这一片的十六个市县区对外讲西南官话，对内则讲土话，各市县区的土话不一致，彼此之间不易通话。从地理位置上来说，湘南的土话可以一分为二：一种为郴州土话，另一种为永州土话。而郴州和永州这两个地区刚好把湖南的南部分成东西两半，因此我们又可以把湘南土话中的郴州土话称为东部土话，把永州土话称为西部土话。湘南土话在各个市县之间种类颇多，同一个县内的土话差异非常大，一乡甚至是一村之内，上街下巷之间，五里八里之近，口音可能都没有相同的，少则有两种，多则存在四种以上的差异。详细来说，其中郴州土话主要分布在桂阳县、嘉禾县、临武县、宜章县这几个地区，而永州土话（又称为西部土话）主要分布在永州市、东安县、双牌县、道县、江华县、江永县、新田县、宁远县、蓝山县等地区，将永州土话与郴州土话区做对比，我们不难发现永州土话区面积范围更大，除去祁阳一县属于湘语语系外，其他各县基本都有土话分布。

　　在湘南土话的研究史方面，最开始关注到湘南土话的是赵元任等老一辈语言学家。1935年赵元任领导的方言调查小组对当时湖南75个县的方言进行了调查，标志着湘南土话现代研究的开始。1974年，由杨时逢先生整理并发表的《湖南方言调查报告》中关于第三区的方言写道：

"第三区方言如宁远、蓝山、嘉禾等县有一种土话,与官话完全不同,但我们未取土话。"虽然这次调查没有土话的录音,但标志着语言学者们对湘南地区的土话已经开始注意。直到1956年,湖南省开始组织大规模的汉语方言普查,研究团队在全省87个县市展开了调查记音。1960年9月,湖南师范学院中文系汉语方言普查组编印了《湖南省汉语方言普查总结报告》,在该书的第二部分"湖南省汉语方言概况"中,特意指出了在湘南道县、宁远、江华等多地存在双方言现象;一种是本地土话,另一种是官话。这些都是关于湘南方言比较早的记载。进入20世纪80年代以后,有关湘南方言的研究可以分为三个时期:单点研究时期、专题研究时期、综合研究时期。湘南方言研究时期有关的论述,在学者谢奇勇的《湘南土话研究概述》这篇论文中有较全面的概括。[1]

(二)粤北地区土话的研究概况

粤北指的是广东北部地区,它的东北面越过大庾岭是江西省的赣州地区,其北面与湖南的郴州市和永州市相连接,西面与广西壮族自治区的贺州市接壤。粤北地区如今包括韶关市所辖的南雄、仁化、始兴、乐昌、乳源、曲江、翁源、新丰、浈江、北江、武江11个县(市、区)和清远市所辖连州、连南、连山、阳山、英德、佛冈、清新、清城、飞来峡(1995年设立的水利枢纽工程管理区)9个县(市、区),地域面积37594平方公里,1997年的资料显示,这里总人口约659.02万。粤北地区位于南岭山脉地带,其区域内遍布山脉,北江是其主要河流,北江还有一些支流,如锦江、武江、连江、南水和滃江等,这些河流在崇山峻岭之间蜿蜒流淌。出于某些地理和历史原因,粤北地区的汉语方言相当复杂。其中性质比较明确的只有客家话、粤语、西南官话以及闽南话,除了这些以外,区域内还分布着一种称为"韶州土话"的方言土语,其归属直到今天都不是十分明朗。赵元任被视为用现代方言学方法调查粤北土话的第一人。据罗常培《汉语方音研究小史》记载，中央研究院历史语言研究所成立后，曾于1928年至1929年对广东、广西地区的方音做初步调查，调查点包括了乐昌、韶州；赵元任调查了韶州本城、东郊湾头两个土话点，调查材料未发表，但却开启了粤北土话现代方言学调查的先声。

20世纪80年代中期，《中国语言地图集》在编写的过程中曾讨论到湘南土话、平话和粤北土话等以往方言分区未曾涉及的方言，但鉴于当时研究的实际情况，没能进一步讨论。《中国语言地图集》只是笼统地画出了土话的分布范围，湘南土话、粤北土话的系属问题则留待进一步调查研究，没能做出结论。

已故的梁猷刚先生曾经对粤北地区的汉语方言进行过一定层面的调查，还刊发过一篇重要的论文《广东省北部汉语方言的分布》(1985)。一直以来，这篇文章都是我们研究粤北方言最重要的参考文献之一。在地域上，粤北与粤东、赣南、闽西等客家地区连接成片，同时它也是客家人的主要居住地之一。在粤北地区，使用人口最多、分布地域最广的方言就是客家方言。从粤北方言的使用人口上来看，主要用客家方言进行交际的人口估计在400万以上。换个角度，从现实的分布来看，粤北的始兴、翁源和新丰三县是纯客住县，使用客家方言的居民占绝大多数；关于南雄是否是纯客县这个问题，学术界一直存在争议；乐昌、乳源和曲江等县（市）有半数以上的居民使用客家方言，是以客家方言为主要交际语的地区；其余各县、市、区使用客家方言的居民一般都不够半数，这些地区的主要交际语是其他方言。有关客家人进入粤北地区的确切时间的研究，至今还没有统一的说法。大概是在宋末元初时期，因为战乱兵燹严重，粤北地区的人口流失极其惨重。到了明朝初年，又由于社会的动荡，使粤北人口数量急剧下降。此时，常常遭受自然灾害的闽西等地的客家饥民在遭遇生存危机后源源不断地向粤北地带迁移。明成化年间是闽西等地的客民向粤北地区迁移的高峰期，从这一时期开始，粤北地区的人口数量又开始呈上升趋势，此时粤北客家民系才开始逐渐形成。

粤北地区还有一部分归属不明的方言土语，《中国语言地图集》将这些归属不明的方言称为"韶州土话"。这个名称只是暂时的称呼，有些许不确切。其一，韶州这一名称来源于隋开皇九年（公元589年），因城东北有座韶石山，故将当时的东衡州改名为韶州，州治仍在今天的韶关市区。20世纪民国初年将韶州府废掉之后，韶州就不再被当作行政建制的名称。所以，韶州是一个历史地名，如果今天再次启用它，恐怕许多人不知其所指。其二，历朝历代的韶州辖地与今韶关市的八县三区大致上吻合，并没有包括全部粤北地区。韶州获名的次年，即隋开皇十年，以黄连岭为名，在当时的桂阳县地置连州，州治在今连州市区。今连州市也有相当一部分区域通行所谓的"韶州土话"。正如将"湘南土话"作为湖南南部地区的土话群称一样，我们也将分布于粤北地区的土话群称作"粤北土话"。粤北土话大都与客家方言呈穿插交错状分布。据初步调查发现，今韶关市所辖乐昌、曲江、仁化、乳源、武江和浈江等县（自治县、市、区）及清远市所辖连州市（原连县）和连南瑶族自治县均有粤北土话，其中，乐昌、连州和曲江三县（市）分布范围最广。《中国语言地图集》把南雄市内一半以上的地区和与之毗邻的仁化县长江镇一带划为土话区。

总而言之，粤北地区的粤方言主要分布在清远市所辖的佛冈县、清城区、清新区、英德市、连州市、连南瑶族自治县和连山壮族瑶族自治县，其中阳山、连州、连南和连山四县（市）与粤西的粤方言区基本相连成片，属粤语勾漏片，其形成的历史背景可能与粤西的粤方言基本相同，其余县（市、区）属粤语广府片。由于京广铁路的开通，特别是抗战期间广东省政府一度内迁韶关，近半个世纪以来韶关市区以及曲江、乐昌、仁化等县（市）的城区也逐渐通行粤方言，其口音与广州话差不多，属于粤语广府片。曲江县只有少数村落属于粤方言岛，如犁市镇上寮、中寮和下寮村，居民对内主要说广州腔的粤方言，据悉他们的祖辈大多是20世纪初从清远等地迁移过来的。

20世纪90年代后，对湘粤边界土话的研究便由点及面、由表及里、从共时的描写到历时的解释，如火如荼地开展起来。

对湘南土话的大规模的单点研究，始于20世纪80年代末。这一时期的标志性成果是以《江永方言研究》和《东安土话研究》为代表的"湖南方言研究丛书"（共17种）。此后越来越多的学者开始把"湘南土话"纳入自己的研究范围。关于粤北土话的研究也取得了一系列成果，先后有黄家教、崔昌荣、郑张尚芳、伍巍、庄初升、沙加尔、朱晓农等国内外学者对粤北土话进行了调查研究，发表了《乐昌土话研究》（张双庆等，2000）、《连州土话研究》（张双庆等，2004）等一系列学术成果。这一时期的研究基本上是着眼于点，面上的研究成果很少，综合的类型分析基本上没有。

对湘粤边界土话进行综合研究较早的有王本瑛、庄初升、牟廷烈等。王本瑛的博士论文《湘南土话之比较研究》（清华大学博士论文，1997），是一部综合研究湘南土话的重要著作，研究了临武、嘉禾、蓝山、宁远、道县、江永、东安等土话点的声、韵、调特点。庄初升的《粤北土话音韵研究》（暨南大学博士论文，2000），选择了24个具有代表性而且彼此存在明显差异的粤北土话方言点作为研究对象，对方言点的语言事实进行了详细调查，并在此基础上进行纵向、横向比较，归纳类型，得出不少新的结论，是一部成功、系统而又完整的区域方言的比较研究著作。牟廷烈的《粤北土话和湘南土话的音韵比较研究》（北京大学博士学位论文，2002）第一次对粤北土话、湘南土话的音韵进行了全面比较。这三篇博士论文在湘粤边界土话的综合比较方面都有开创之功，是早期综合研究的重要成果。

湘粤边界土话研究进入全面深入的综合性探讨时期的标志是开始对其内部分类和方言归属问题进行探讨，这一时期以土话的定性研究为主导。2000年在广东韶关召开的"粤北土话及周边方言国际研讨会"开始研究湘粤边界土话的分类和归属两大问题。2002年在长沙召开的"湘南土话及周边方言国际学术研讨会"、2004年在南宁召开的"桂北平话及周边方言学术研讨会"，使湘粤边界土话的研究更为深入，引起了人们的广泛关注。湘南土话的研究成果显得更为丰硕，罗昕如、范俊军、谢奇勇、卢小群、李星辉等人相继出版了专著，其研究涵括了湘南土话与非湘南土话的比较、湘南土话内部差异的考察、土话语音描写分析、土话语法词汇的研究以及归属问题讨论等五个方面的内容，较集中全面地反映了"湘南土话"的语言面貌。此后有关湘粤边界土话的系属论文日益增多，越来越多的学者、专家开始关注湘南、粤北土话的研究工作，并成为汉语方言研究的一个热点。下面我们就其具体研究内容进行分述。

三、湘南和粤北两地方言词汇的异同的对比分析研究

粤北地区与湘南地区相邻，民间有悠久的交往历史，文化习俗也有许多相近。两地的汉语方言分布类型也差别不大，都属双方言区。粤北地区居民往往对内使用本地土话，对外则使用白话；湘南地区居民在日常生活中讲土话，对外就讲西南官话。近些年来，越来越多的方言学者关注到粤北土话和湘南土话，单点报告和调查材料也陆续见诸报刊。但是，粤北土话的性质和系属是怎样的，它与周边方言的关系尤其是与湘南土话的联系怎样等问题，学者们还没有详尽的研究。下面我们以粤北土话中的乐昌县北乡话为代表（材料主要引自张双庆《韶州土话研究》），以湘南土话中的桂阳县敖泉话为代表，来对比分析湘南和粤北两地方言词汇的异同。[2]

首先，我们讨论的是湘南土话和粤北土话词汇的一致性：

1. 粤北土话和湘南土话中一致的词

例如：

太阳—日头	星星—天星	刮风—发风	下冰雹—落雹
涨洪水—发大水	冰—*镜	结冰—*构	山顶—岭头
江、河—江	堤坝—*陂	沸(水)—炼	巷子—巷
气味—气色	后面—后背	底下—脚下	今天—今日
上午—上昼	下午—下昼	晚上—夜哺	傍晚—断黑
前天—前日	后天—后日	水田—田	田埂—田塍
插秧—莳田	箩筐—箩	筛子—筛	扁担—担竿
契子—袱	干(水塘)—干塘	菜地—菜园	浇菜—淋菜
干活—做事	煮(饭菜)—煮	淘米—洗米	红糖—王糖
炖—炆	溢—盈	擦(桌)—抹	漂洗—盈
烫—爥	装(柄)—斗	烘(尿布)—炕	稻穗—禾线
辣椒—辣子	浮萍—漂	梨子—消梨	树枝—树跨
松树—枞树	松针—枞毛	公水牛—水牯	母牛—牛婆
公鸡—鸡公	阉鸡—线鸡	孵化—菢	虾—虾公
鸟枪—铳			

2. 北乡话与教泉话相同的单音节词

（1）两种土话共有而与普通话说法不同的词中，有不少是单音节词，而在普通话中常常用双音节词表示。例如：

房子—屋	水稻—禾	稻草—秆	谷子—谷
蘑菇—菌	浮萍—漂	火药—硝	池塘—塘
平地—坪	裙子—裙	残渣—脚	女婿—郎
被子—被	镜子—镜	时兴—兴	讨厌—恼
埋怨—怪	结实—牢	裤子—裤	巷子—巷

| 箩筐—箩 | 绳子—绳 | 利息—利 | 叩头—拜 |
| 欺骗—哄 | 客人—客 | 泔水—潲 | 交合—鸟 |

（2）两种土话中有相当一部分单音节词在普通话口语中已经不用，或只限于普通话书面语和文言文中使用。例如：

炙—烤	寻—找	凭—靠	揽—抱
倚—站	炕—烘	身—套	皮—片
卵—吊	土—地	落—下	抵—值
浊—浑	促—呛	咬—腌	

3. 北乡话和敖泉话的复音词在构词上的一致性

（1）两种土话中有不少双音节词与普通话有完全不同的说法，或者说法相同而词义不同，这些往往体现了土话的词汇特色。例如：

起屋—建房	做事—干活	稻穗—禾线	逢墟—赶集
晚上—夜晡	傍晚—断黑	插秧—莳田	怀孕—巴肚
棺材—木头	讨账—追钱	知道—晓得	高兴—欢喜
干脆—索性	妻子—妇娘	丈夫—老公	胎盘—胞衣
干爹—契爷	过身—逝世	合算—划得来	虐疾—打摆子

（2）两种土话中有许多复音词构词语素与普通话大同小异或小同大异。例如：

下雹—落雹	树枝—树跨	钥匙—锁匙	肩膀—肩头
睫毛—眼毛	天亮—天光	跳蚤—狗蚤	别针—扣针
气味—气色	瘦肉—精肉	旁边—侧边	虱子—虱婆
白酒—烧酒	嫂子—嫂嫂	下午—下昼	怀疑—疑心
菜地—菜园			

（3）有一部分词，北乡话和敖泉话虽然说法有细微的差异，但命名方式和造词理据却是一致的。例如：

天星拉屎—天星泻屎　　天狗吃月—天狗食月　　鬼头风—鬼旋风

禾鸟得—禾心鸟子	牛枯星—羊枯虫虫	六指枯—六指公
衣呀—西西呀	屎缸—盛屎	脚板—脚趾板
禾镰—秆镰	岩婆—岩鹰	

其次，我们再讨论湘粤土话词汇的差异性：

1. 词汇差异在基本词和常用词中的表现

（1）通过比较，我们发现有许多常用词在两地有不同的说法，有的还是基本词。例如（前面为敖泉话，下同）：

落雨—落水	天晴—好天	屋场—村	里角—里头
门前—外契	脚下—附近	话—讲	吃—食
旋—转	惊—困醒	墙—壁	桌子—台
滚水—炼水	管—梗	送—推	煞满—后晡（后来）
头初一—大年初一		物件—东西	出年—旧年
困—眠	瞟—睇	面—尌	命前—前面
日里边—白日	到居—去归	前夜日—昨日	隘—窄
高头—上面			

（2）至于一般词汇，也有不小的差异。例如：

胀气—发性	眼热—眼红	打浮鱼—游水	过（传染）—惹
得病—病了	糜—粥	饭浆—饭汤	青布—乌布
眼珠—眼睛	颈筋—颈脖	心头—胸口	媳妇—新妇
佬佬—细佬	现世—过世	小气—孤寒	奶奶—奶
巴章—手掌	在行—乖	丫泥—烂泥	野物件—野兽
联—缭	提—驮	挂记—挂心	得梦—发梦
格子眼—窗子	祖—坟头	剪脑—飞发	生子—生春
零票子—散纸	唇皮—嘴唇	拐—孾	眼—孔
野名—花名	挂青—挂纸	声—起头	汗衣—底衣
斗—踩			

2. 词汇差异在封闭类词中的表现

封闭类词因为常用，往往差异不大，因而多体现方言特征。我们从封闭性词类中选取了一些极常用的基本词进行比较统计，结果表明，以下各类词汇北乡话和敖泉话中只有29条相同。

（1）时间词（20）：前年、去年、今年、明年、后年、前天、昨天、今天、明天、后天、早晨、上午、中午、下午、白天、晚上、现在、过去、经常、刚刚。

两点相同词（9）：今日、前日、明日、后日、上昼、日昼、下昼、夜、断黑。

（2）方位词（10）：上面、下面、里面、外面、前面、后面、左边、右边、中间、旁边。

两点相同词（3）：后背、侧边、脚下。

（3）亲属称谓词（25）：爷爷、奶奶、外公、外婆、父亲、母亲、叔叔、伯伯、叔母、伯母、哥哥、弟弟、姐姐、妹妹、嫂子、弟妇、姐夫、妹夫、儿子、女儿、媳妇、女婿、丈夫、妻子。

相同词（9）：嫂嫂、郎、嫂娘、老公、老子、老娘、女、*白、拜拜（伯母）。

（4）代词（15）：我、你、他、我们、你们、他们；这个、那个、这些、那些；什么、怎么、哪里、为什么、谁。

相同词（3）：我、你。

（5）虚词（10）：的、得、着、了、过；从、在、被、把；和。

相同词（5）：格、倒、得、从、在。

3. 词汇差异在构词和词义方面的表现

方言词汇的差异也表现在构词方面。从构词成分的数目来看，有单音词和复音词之别；从构词方式来看，表现为重叠式、合成式、加缀式的不同，以及语素的顺序差异。例如：

（1）单音和复音的差异：

袜子—袜　　　面—面条　　　蹄子—蹄　　　爪子—爪

面子—面　　　木屐—屐　　　奶奶—奶　　　祖—坟头

屋场—村

（2）语素次序的差异：

人客—客人　　盛屎—屎缸　　钱纸—纸钱　　王桶—桶王

灰尘—尘灰　　天晴—好天　　纸烟—烟纸　　弟兄—兄弟

两爷崽—两仔爷　辈字—字辈　　板栗—栗板

（3）构词方式的不同：

石头古—石头　　拳头古—拳头　　管子—梗　　骨头—仁

胖子—肥佬　　　左子—左手拐　　镜杆子—冰镜

六指公—六指枯　葱头—葱　　　猪崽子—猪仔　斗篷—笠头

癫子—癫佬　　　鸟子—鸟咯　　哑子—哑咯　　伯爷—老伯

聋子—聋古丁　　哥哥—阿哥　　佬佬—细佬　　满满—阿叔

膝头古脑—膝头古

四、湘南和粤北地区的语音现象研究

（一）湘南、粤北土话的鼻音韵尾脱落现象

湘南土话主要分布在湖南省南部的永州、郴州地区，这里也是双方言区。其中冷水滩、东安、双牌、道县、江永、江华、蓝山、宁远、新田、资兴、永兴、桂东、桂阳、嘉禾、临武、宜章、汝城以及湘西南的通道等县（市）的全部或部分汉族居民之间，本地人之间或家庭内部使用土话，对外交际使用西南官话。湘南土话复杂难懂，内部差异较大，但仍有共同的语音特点，例如：古全浊声母清化后塞音塞擦音大多不送气；东安土话古全浊声母保持浊音音值；绝大多数土话古全浊声母清化

后塞音不送气，和全清声母合流，如江永；桂东土话古全浊声母清化后塞音塞擦音送气和次清声母合流；临武、宜章、道县等地则并定母（包括音值为塞音的奉澄母）不送气，其他声母送气，显示了声母不同发音部位、发音方法所起的不同作用；多数土话溪母字声母变为擦音，和晓匣母、非敷奉母合流；阳声韵大多蜕变为阴声韵；全浊入声除东安保持入声、嘉禾归上声、临武归阴平外，多数土话归入阳去。

（二）湘南、粤北土话的古全浊声母送气／不送气成因

湘南土话和粤北土话存在古并定母今读不送气清音而其他古全浊声母今读送气清音的特殊现象。王福堂先生认为，湘南和粤北早期是壮侗族居住的地区，湘南和粤北土话中并定母（包括音值为塞音的奉澄母）可能是在清化前曾受壮侗族语言的影响变为ɓd（或ʔdʔɓ），这样，在以后全浊音声清化的过程中，某些土话中的ɓd（或ʔbʔd）因为具有吸气的特征，就不再参与方言中送气的音变，而只能变为不送气音，其他全浊声母则变为送气音。[3] 由此可见，汉语中的并定母为浊音，其他全浊声母为清音；湘南土话和粤北土话某些方言中并定母为不送气音，其他全浊声母为送气音，而这些实际都是壮侗族语底层或影响的反映。

（三）湘南、粤北土话的古全浊音

一般研究人员认为，古全浊声母的今读在判定汉语方言性质时是一个重要的依据。表面看来，湘南土话的古全浊声母读音显得杂乱，但这实质上体现了多种读音层次的叠加。如果以历史层次为视角，剖析早期层次的读音，则可以为判定湘南土话的方言性质提供线索。基于此，我们主要分析湘南土话古全浊声母的不同层次及其来源，以此考察湘南土话的形成过程及方言性质。本章主要谈郴州地区的土话。郴州土话分布在郴州地区中西部的桂阳、嘉禾、临武、宜章四县。我们调查了桂阳的飞仙、仁义、荷叶，临武的沙田、唐家、楚江，宜章的麻田、一六，共

8个点，加上前人调查的材料，可以囊括郴州土话的主要类型。郴州土话的古全浊声母都已清化，但清化的规律并不统一，体现了多种层次的积淀。[4] 这里只讨论古全浊声母今读塞音、塞擦音的清化类型。古全浊声母今读塞音、塞擦音的主要在并、定、澄、从、群五母；邪、崇、禅三母一部分字读塞擦音，一部分字读擦音。下文提及邪、崇、禅三母，只指土话中读塞擦音的字。所调查的8个土话点，从送气与否来看，有两种类型。类型一（如飞仙、荷叶、沙田），送气与否只与古声调有关：各母的古平声字今全部送气；古上、去、入声字部分送气，部分不送气。类型二（如仁义、唐家、楚江、麻田、一六），送气与否既与古声母有关，也与古声调有关：并、定母的古平声字部分不送气、部分送气，古上、去、入声字绝大部分不送气；澄、从、群、邪、崇、禅母古平声字今全部送气，古上、去、入声字部分送气、部分不送气。

中古全浊声母字在粤北土话中也已全部清化，清化后读塞音、塞擦音有如下五种类型：（1）不论平、仄一般都读送气，如曲江县南部和东北部、韶关市老城区及郊区、仁化县西南部的土话，以及南雄市乌迳话和仁化县长江话；（2）并、定、澄（今读塞音）常用上声字读送气，澄母（今读塞擦音）和其余全浊声母也一般都读送气，其余的多不送气，如曲江县西北部、乳源县以及乐昌市南部的土话；（3）并、定、奉（今读重唇）母今读不送气，澄母（今读塞擦音）和其余全浊声母一般都读送气，如乐昌市北部以及连州市、连南瑶族自治县的土话；（4）不论平、仄一般都读不送气，如南雄市的城关雄州话；（5）逢平声读不送气，逢仄声读送气，如南雄市百顺话。其中，（2）、（3）和（5）在现代汉语方言中都非常罕见，尤其值得我们重视。[5]

五、湘南和粤北土话的归属研究

关于湘南土话，学界对其的性质归属一直没有定论，主要是由于湘南土话的复杂性：一是湘南土话并非向心型方言区，不同地点的土话差异很大，难以概括整区特点；二是各地土话内部不同方面的复杂性，如韵母可能有湘语特点，而声调却有客家话特点；三是有规律的演变往往不能贯彻到底，导致有大量的无条件分化，从而更不易分析其特点的性质。[6]湘南本地人之间或家庭内部使用土话，对外交际使用西南官话。湘南土话有以下语音特点：古全浊音清化后塞音塞擦音大多不送气、多数土话溪母字声母变为擦音和晓匣母、非敷奉母合流，阳声韵大多蜕变为阴声韵，全浊入声除东安保持入声、嘉禾归上声、临武归阴平外，多数土话归入阳去。

粤北土话分布在广东北部韶关地区的乐昌、曲江、仁化、乳源、南雄、韶关、武江、北江、浈江和粤西北的连州、连南等县（市、区）。这里也是一个多方言的地区，有些地方的本地人对内使用土话，对外使用客家话或粤语，个别也使用西南官话。粤北土话有以下特点：古全浊声母清化后塞音塞擦音在南雄（城区）土话全部不送气，曲江白沙以及仁化石塘、南雄乌迳等土话全部送气，南雄百顺土话平声字不送气，仄声字送气，其他土话中送气与否和声母的发音部位、发音方法有关，少数知澄母白读音保持为舌头音，阳声韵大多蜕变为鼻化韵和阴声韵。[7]

以上概述表明粤北土话的语音特点大多和湘南土话相同。据了解，乐昌市板塘、黄圃等地的土话和相邻湖南宜章土话的日常用语也比较接近。鉴于粤北土话和湘南土话的分布地区相连，语音特点又很相似，因此王福堂先生在他的论文《平话、湘南土话和粤北土话的归属》中提到我们应该把它们看作是同一种方言。

从前文的词汇对比中我们不难发现，粤北土话虽然与粤方言共处，但它与相距甚远的湘语的共同词远远多于粤方言。因此，我们认为，粤北土话中的粤方言词属于最新层次的词，是作为广东省共通语的粤语对土话渗透的结果。范俊军在《从词汇看粤北土话与湘南土话的异同及系属》中认为粤北土话词汇上多半接近客赣方言,因为它与客方言和赣方言的相同词分别为53.7%和60.5%,如果要对其做出硬性分区,我们认为粤北土话词汇上更接近赣语。湘南土话则多半接近湘赣方言,其中与湘语相同词为61.1%,与赣语相同词为42.3%,因而从词汇上湘南土话更接近湘语。[8] 总而言之,虽然湘南土话与粤北土话的关系至今没有一个定论,但大多学者认为两者在大体上接近。

虽然对湘南土话、粤北土话两大土话群的内部研究业已取得不少成果,但对粤北土话和湘南土话的关系,历来见仁见智。有的学者认为湘南土话和桂北平话是同一种方言,有的学者认为湘南土话和粤北土话关系密切。[9] 我们急需一些新的材料,为解决这些争议提供依据。但目前方言学界对粤北土话、湘南土话的比较研究尚处于初始阶段,仅有牟廷烈的《粤北土话和湘南土话的音韵比较研究》、李如龙的《论混合型方言——兼谈湘粤桂土语群的性质》等寥寥数篇论文,这对湘粤边界方言的研究无疑是一个大的缺憾。

上述专著和论文为湘粤边界土话研究乃至整个汉语方言研究做出了重要贡献。但仍存在一些不足,表现在:

第一,研究视角较传统单一。以往湘粤边界土话的研究过于侧重从共时平面描写其语音、从历时平面考察其本字;主要着眼于单点的语音研究:微观研究为主,宏观研究很少。此外,以往的研究忽视了从语音类型学角度研究湘粤边界土话的关系。语音类型学是语言类型学的一个分支,它主要从研究跨语言包括方言土话的语音系统结构出发,进而探讨人类语音系统在结构上的共性以及可能的约束,作为一种较为成熟的语言理论方法,它解决了诸如世界语言元音归类等一系列重大语言学难题。李如龙(1996)倡导要对汉语方言的语音进行共时层面和历时层面的类型学研究,这是非常有远见的,为我们研究湘粤边界土话提供了较新的视角。[10]

第二，没有解决两者的关系问题。湘粤边界土话的关系，仍是见仁见智，没有得到解决。

第三，学界对湘粤边界土话的比较研究尚处于初始阶段，研究相对单薄。

第四，对湘粤边界土话的变异情况了解甚少。对湘粤边界土话接触中发生了哪些变异，变异过程如何，目前尚缺乏深入的研究。

六、结语

本章主要综述了学者们对湘南和粤北语音、词汇和归属地的相关研究，对比不同学者的观点，对下一步学术研究做出展望。我们不难发现，湘南和粤北土话词汇方面的研究相对来说更加系统，不论是特色词、常用词还是基本词，都有系统统计、对比分析研究。但是在语音和归属问题方面还有尚未明确的部分，关于两地的语音研究，目前为止的研究重心基本是在两地的古全浊声母研究上，其他方面，如：帮母、明母等研究相对较少，而两地的归属问题一直存在争议。如前所述我们也能看出，语音和词汇是探讨两地土话归属问题的关键入口，因此，拓宽语音和词汇的研究范围也能为进一步研究湘南和粤北土话的归属问题提供帮助。[11]

湘粤土话至今仍在湘粤地区有着重要的地位，也有越来越多的学者将关注点放到这上面来。尤其是在互联网时代，方言受到的冲击越来越大，普通话的普及越来越威胁到方言的地位，因此研究湘粤地区的土话，不仅在学术上应该占有一席之地，而且就保护与传承传统文化而言，也具有重要的现实意义。

本章参考文献：

[1]　谢奇勇.湘南土话研究概述[J].湖南科技大学学报（社会科学版），2005，8（6）：101-105.

[2] 罗黎丽. 从词汇比较的角度看桂北高尚土话的归属 [J]. 广西教育学院学报, 2005 (5): 96-100.

[3] 王福堂. 平话、湘南土话和粤北土话的归属 [J]. 方言, 2001 (2): 107-118.

[4] 曾献飞. 湘南、粤北土话古全浊声母送气/不送气成因初探 [J]. 语言研究, 2005: 98-101.

[5] 詹伯慧, 崔淑慧, 刘新中, 等. 关于广西"平话"的归属问题 [J]. 语文研究, 2003 (3): 47-52.

[6] 杨水淙. 汉语南方方言古知组读舌尖中音现象研究 [D]. 石家庄: 河北师范大学. 2014.

[7] 罗昕如. 湘南土话中的底层语言现象 [J]. 民族语文, 2004 (1): 20-25.

[8] 范俊军. 从词汇看粤北土话与湘南土话的异同及系属 [J]. 华南师范大学学报 (社会科学版), 2000 (3): 59-64.

[9] 谢奇勇. 湖南方言调查报告中的湘南土话 [J]. 方言, 2002 (2): 144-150.

[10] 李冬香. 从特色词看平话、湘南土话和粤北土话的关系 [J]. 广西民族学院学报 (哲学社会科学版), 2004, 26 (4): 138-141.

[11] 彭泽润, 彭建国. "南岭方言群岛": 方言学的新大陆 [J]. 郴州师范高等专科学校学报, 2001, 22 (6): 92-93.

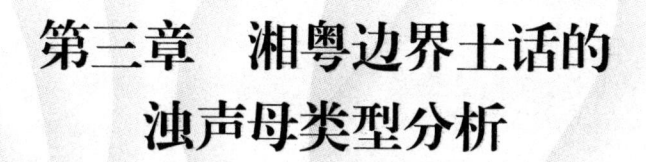

第三章 湘粤边界土话的浊声母类型分析

一、引言

湘南、粤北地区位于两省交界处，复杂的地域和人口居住环境导致两地的土话方言比较混杂，由此使土话的发音及类型也逐渐发生变化，语音中的浊声母演变至今，既有清化也有保留。本章从语音方面入手，通过对湘粤边界土话语音特点分析，进一步探讨两地浊声母类型的演变及特点，比较它们的不同。这对湘南、粤北边界土话的研究具有重要意义，也有助于我们更好地理解语言学的若干理论问题，如汉语方言中浊音类型的问题等。

虽然学界对湘南土话、粤北土话的研究已取得不少成果，但对湘粤边界土话综合浊声母类型演变及对比研究尚不全面。相关研究成果主要有：《粤北土话中古全浊声母今字读的类型》（庄初升等，2000）、《从古全浊声母的读音层次看湘南土话的性质》（尹凯，2019）、《粤北土话、湘南土话和桂北平话古全浊声的演变》（李冬香，2013）等。

二、湘南、粤北土话浊声母的今读特点

（一）*湘南土话浊声母的今读特点——清化后声调分阴阳、有送气与否的区分*

在《中国语言地图集》的说明稿中，"湘南土话"作为特指术语首次出现。根据图集所述，谢奇勇在《"湘南土话"研究概述》（2005）中推析"可见'湘南土话'就是指湖南郴州、永州两市境内同时用西南官话、土话作为交际语的'双方言'区有待深入研究的'土话'"。下文内容所

描述的特征，无论是湘南土话还是粤北土话，都是基于方言点之间共同的特点，其他由于地域分布及地区民俗习惯所造成的微小语音差异不单独列出。

研究学界针对湘南土话中浊声母演变后读音的描写最显著的特征为：浊声母声调在今读中分阴阳且有送气与不送气的区别。这一点在各类研究成果中都有清晰描述，如：彭美娟在其硕士论文《湖南道县寿雁土话词汇研究》中用寿雁土话中的词汇与普通话中的词汇作对比，分析了寿雁土话的语音系统中声韵调的特点。[1] 文中指出寿雁土话全浊声母在声调上"古平声、去声清浊声母字，今读各分阴阳；古上声清声母和少数次浊声母字今读上声，多数次浊以及全浊声母字今读阴去"。同样，郭艳辉在《湖南道县仙子脚土话词汇研究》中选取道县仙子脚土话为代表，其中描写的道县仙子脚土话浊声母声调今读发音特点与寿雁土话也趋于一致，即：清化后的古平声、去声字，今读中分阴阳；部分次浊及全浊声母字今读阴去。陈立中在早期研究《试论湖南汝城话的归属》（2002）中以古全浊声母的今读、知组与端组的分混等为根据，比较这类语音特征在汝城话（以明镇土话为代表）和汝城客家话中的不同。[2] 研究指出，在汝城话中，中古全浊声母如今都已经清化，有送气与否的区别，如：古並、定母字今读大多读为不送气清声母，其他古全浊声母字今读则大多为送气清声母。刘祥友在《湘南土话语音的历史层次》中也指出，湘南土话中的古全浊声母今读演变特点大致可分为蓝山县太平、宁远、江永城关、道县小甲等地的基本清化和遂宁关峡、东安花桥、嘉禾坦平等地的部分保留古全浊音两种。[3]《湖南道县官话语音研究》（蒋毅竹）从声母、韵母、声调三方面入手将道县官话与地方土话进行语音的对比分析，得出在道县土话中"古全浊声母字今读已清化，今逢塞音和塞擦音时平送仄不送"的结论。而浊声母清化后的区别主要在于送气和不送气。研究还指出"寿雁平话和仙子脚土话的古全浊声母，基本上是不论平仄，都读不送气清音。[4] 小甲土话古全浊声母中的並、定、群母字,大部分是不论平仄,今读不送气清音。而古从、澄、船母字,大部分是不论平仄,今读送气清音。"然后又通过例字及例字的调值调类的表格对比得出道县土话浊声母今读总体特点:在古全浊声母中,道县土话不论平声或仄声,皆为不送气音。如:在精见组中,道县土话大多读 [tɕ]、[ɕ] 等,个别为 [t],疑影母中则全部读为 [ø]、[ŋ]、[k] 声母。与以上特点相近的研究成果还有王颖的《湖南省宜章县栗源镇土话语音研究》,文中也提到栗源镇土话中的古全浊声母今发清音的演变特征"今逢塞音、塞擦音时,不论平仄一般都读送气清音"。[5] 但在栗源土话中也存在部分仄声字发不送气清音,如並母中的步、败、抱等,浊声母清化后读 [p];澄母中的瞪、赵、郑等字的声母又分别读为 [t]、[tʂ]、[tɕ];从母中杂、皂和静、聚等,分别读为 [ts]、[tɕ]。声调方面总括为阴阳上去四个声调,平声又分阴阳。栗源土话中古全浊声母声调今读发音情况为"古浊平声基本归为阳平,全浊上声基本归阴平,古全浊入声主要归去声,部分归阴平,部分归阳平"。研究还将栗源土话与宜章大地岭土话作对比,得出清化后的全浊声母在大地岭土话中"除並、定母以外的其他古全浊声母不论平仄声今一般读送气清音"。同样将土话与普通话语音系统做对比的还有李益的《湘南临武土话音系特点》(2010),文中将临武土话的语音系统与普通话系统做比较,总结得出临武土话中的浊声母在清化后与普通话不同的特点是"临武土话古全浊並、定母字今读逢塞音、塞擦音不论平仄多读不送气清音"[6]。如:临武土话中的並母字婆 [pu] 和部 [pu]、定母字中的抬 [ta] 和逃 [tau],与普通话中的婆 [p'o] 和部 [pu]、抬 [t'ai] 和逃 [t'au] 之间的发音都有所区别。黄红英在《湘南蓝山竹管寺土话音系》(2017)中则以竹管寺土话为研究对象,对其语音系统进行全面研究得出:在蓝山竹管寺土话音系中无全浊声母,全部清化;声调上"全浊、次浊上声基本归阴去,浊入归阳去"[7]。与普通话中古声调"平送仄不送"不同的是：竹管寺土话清化后的古全浊声母在今读中不论平仄，都发送气清音。如：並母，为双唇不送气清塞音，贫 [pin³¹²]、病 [pi⁵¹]、便 [pi⁵¹]、病 [pi⁵¹] 等；群母大部分今读为舌面不送气清塞擦音，剧 [tɕi¹³]、裙 [tɕin³¹²]、忌 [tɕi⁵¹] 等；定母字大部分今读为舌尖不送气清塞音，大 [ta⁵¹]、断 [tu³³] 等。

（二）粤北土话浊声母的今读特点——基本清化、有送气与否的区分

粤北即广东省北部，包括梅州、河源、清远、韶关、云浮五个地级市。粤北地区处于湖南、广西、江西以及广东四省交界处，汉语方言混杂。粤北地区主要为客家人聚居，因此到如今仍有百分之八十的人以客家话为母语，同时也存在粤北土话（在《中国语言地图集中》称为"韶州土话"）。同样，在粤北土话特征的阐述中也是以普遍、突出的特点为主，部分因地域、社会习惯而形成的语音特点不再单独提出。

和湘南土话一样，早期对粤北土话语音的分析较多的是土话片的单点研究。如，张双庆《乐昌土话研究》(2000)，以乐昌土话为粤北土话代表，选取长来、北乡、黄圃、畈塘以及三溪五处方言，对其土话中的语音系统进行声韵调三方面的全面探究，描述并分析了乐昌土话的语音特点：全浊声母今读一律为清音，清化后的浊声母根据方言点的不同送气情况也不同。在黄圃、畈塘、三溪三地，清化后的古並、定母不分平仄，古全浊声母今读一律为不送气音，其余两地土话中除常用浊上字读送气音外，其余一律读不送气清音。庄初升在《连州市丰阳土话的音韵特点》(2001)中选取连州市丰阳土话为代表，分析了丰阳土话的声韵调的特点。丰阳土话中 20 个声母清化后存在送气和不送气的区别。其中古並母、奉母以及定母发不送气音，如肚 [tu⁵⁵]、饭 [pa²¹]，其余全浊声母一般都发送气音，如 [tʃaŋ³¹]、椅 [kɛi⁵⁵]。声调读音方面，全浊上声字呈现文白两用的特点，口语中依旧读上声，书面用语则为阳去。[8] 邹小玲的《粤北连州沙坊话音系》(2016)选取粤北连州沙坊土话为代表,描述其语音特点,同时以古音和今音作对比,归纳沙坊土话声韵调系统中的发音特点:古浊声母全部清化,有送气与否的区别;今读塞音的全浊声母除并、定母不送气外,其余一般都为送气清音。[9]李冬香的《粤北乐昌廊田土话音系》(2011)以粤北廊田土话为代表,描述并分析了其音系状况:声调上中古入声归阴平,全浊上归去等等;又呈现古入浊声母今归阴平,全浊上、次浊上归去声的特点。[10]李冬香在《粤北犁市土话音系》(2013)里则描述了犁市土话古全浊声母今读塞音、塞擦音送气情况是以声纽和声调为条件的特点。[11]早期对粤北地区土话的语音特点进行综合分析的典例为林立芳、庄初升的《粤北地区汉语方言概况》(2000),其中选取了粤北地区十五个方言点,分析语音材料,描述了粤北土话在声母方面的共同特征:古浊声母上声字今读分阴阳,如百顺、乌迳地区发阴平音,其余地区则发阳平;清化后浊声母今读塞音、塞擦音时,地区不同送气情况也不同,如长江等地今读塞音、塞擦音不分平仄发送气清音,部分地区与之相反,如雄州不分平仄一般为不送气清音。[12]

三、湘南、粤北土话的浊声母类型分析

(一)湘南土话的浊声母类型分析

在湘南土话的语音系统中较突出的特点是浊声母的清化,甚至多数地区全浊声母消失,声母不论平仄一律读为清声。以下就针对这一特点对湘南土话浊声母类型的演变及特点加以阐述。

根据湘南土话浊声母今读的两个特点可将浊声母分为不同类型,如:唐伶的《永州南部土话语音研究》描写了永州南部土话语音的共时特点及历史演变,得出永州南部土话整体呈现出的共同特征,即古全浊声母全部清化。[13]同时,较为全面地描述了永州南部地区土话中浊声母演变后的特点。以送气与否为界将清化后的浊声母类型分为不送气音和有条

件送气或不送气音两大类，又在其中总结小类。不送气音分为不送气音，部分定母读边音、部分从、澄、崇母读擦音，並、定、群母不送气和部分定母读边音四类；有条件送气或不送气型包括平声送气、仄声不送气；仄声部分不送气、其余送气；全浊上声部分送气、其余不送气；並、定母不送气，其余声母送气；並、定母部分不送气，其余声母基本送气；並、定群母基本不送气，其余声母基本送气；並、定、群母基本不送气和从澄崇母或送气或不送气或读擦音七类。同样以送气情况为依据，李如龙在《论混合型方言——兼谈湘粤桂土语群的性质》中选取了韶关、乐昌、江永、东安和宁远五个湘南土话方言区，从湘粤桂土话群语音特征比较表中总结得出湘南土话浊音清化后的特点："清化后又分三小类，读送气清音（韶关）、不送气清音（江永）和部分送气部分不送气。"[14]后者又分为四种：按平仄分，宁远平送仄不送；按声组分，连州並、定不送其余送；按声调分，乐昌浊上送，其余不送；按声组及声调分，韶关乡间並、定上声送，其余不送。同样，欧阳国亮在《桂阳土话古全浊声母清化的类型》（2011）中，根据桂阳土话中浊声母演变后送气情况的不同，以地区为名将清化后的浊声母分为三类，分别为流峰型——清化后无论平仄一律发送气清音；敖泉型——除並母、定母外，其他清化后浊声母一律发不送气清音；荷叶型——平声送气，仄声不送气。[15]

以上多为对湘南土话点的个别研究，对整个湘南地区土话的语音系统有较全面地分析总结的研究成果的典例为刘祥友的博士论文《湘南土话语音的历史层次》，研究中摘取湘南各代表地区土话片，即冷水滩岚角山土话、江华寨山话、遂宁关峡土话、新田南乡土话、桂阳流峰土话、桂阳洋市土话、桂阳县敖泉土话、嘉禾土话、江华粟米塘七都话、嘉禾坦平土话以及双牌江村镇、资兴市南乡土话，以及江永、道县、东安、宁远、宜章、蓝山县太平土话，宜章大地岭、道县寿雁平话共二十处方言点，对其声、韵、调的特点进行了全面的描写分析。除东安花桥、嘉禾坦平土话保留了相对完整的古全浊声母外，湘南大部分地区土话中的古全浊声母都已清化。以地域为划分依据，通过古浊声母仄声今读例字表归纳出九类湘南土话浊声母的演变类型：东安花桥型、冷水滩岚角山型、江永城关型、新田南乡型、桂阳流峰型、宁远东路平话型、宜章赤石型、江华寨山型、道县小甲型。

（二）粤北土话的浊声母类型分析

粤北土话中较突出的特点是浊声母的清化及清化后今读塞音、塞擦音时送气情况不同，与湘南土话有共通之处。以下就针对这一特点对粤北土话中浊声母的演变类型及特点加以阐述。

对浊声母演变的专门研究较早的属庄初升和林立芳的《粤北土话中古全浊声母字今读的类型》，研究中选取了粤北10个地区共24个土话点的材料，在粤北土话清化后根据送气与否及塞音、塞擦音的发音情况，分析总结出粤北土话中古全浊声母字今读的五种类型。[16]分别为不受声母和声调影响，一律读送气类，如韶关老城区和仁化县长江话；不受声母和声调的影响，一律发不送气清音类，如城关雄州话；受声母和声调影响的並、定、澄（塞音）母的常用上声字和其余全浊声母一般发送气音类，如乐昌市南部土话；受声母影响的除古並、定、奉母外，其余全浊声母和澄母今读一般都为送气清音类，如乐昌市北部；受声调影响仄声送平声不送类，如南雄百顺话。李冬香在《从音韵现象看桂北平话和湘南、粤北土话的形成》（2006）中通过三种方言语音系统的全面对比，得出相同特点：古全浊声母今读塞音或塞擦音时，不论平仄一般发送气音，如湘南土话中的流丰、蓝山等土话及粤北土话中的韶关老城区土话等。[17]李冬香在《粤北犁市土话音系》（2013）中描写了粤北犁市土话的语音系统，并归纳其声、韵、调的特点。声母方面以声调为前提条件，粤北犁市土话中的全浊声母今读时遇塞音、塞擦音送气与否的情况也各不相同，可分为今发不送气音並、定、澄（今读塞音）平去入声字一类；今发送气音从、澄（今读塞擦音）、崇、群母一类；以声调为条件的口语中常用上声字为送气音，非常用为不送气音共三类。这一点在其《粤北乐昌廊田土话音系》（2011）廊田土话中也有体现。

四、湘南、粤北复杂语音现象产生的原因

综合各类研究成果可以总结出，造成湘南、粤北地区古全浊声母今读清音以及清化后所显现出的不同特点而呈现出不同的浊声母类型，最主要的原因是人口迁移以及方言间的相互影响。

曾献飞在《湘南、粤北土话古全浊声母送气/不送气成因初探》（2005）中将湘南、粤北两地土话中浊声母清化的过程分为四个阶段来解读，指出由于湘南地区存在大量江西移民，移民所说的客赣方言最主要的特征又是全浊声母不论平、仄声，皆读送气清音，处于多省交界处的湘南地区几种方言混合同时又相互影响，从而形成了清化后所显示的特点。[18] 欧阳国亮（2011）描述了桂阳土话中浊声母三种清化类型后，进一步分析了形成此种特点的原因，指出桂阳地区居住的人们大多数为移民后裔。由于人口迁移，从各地聚集起来的人带来不同的方言，人们互相交流接触，语言长期混杂从而奠定了当地土话形成的基础。王颖（2018）"实际上，栗源土话中古全浊声母今不论平仄一般读送气清音这一特点符合赣语的特点。"也可推断出湘南地区土话今呈现出的特点一定程度上受到了外来方言的影响。最新研究还有尹凯根据赣方言和客家话中全浊声母清化后遇塞音和塞擦音读送气声母的特点撰写的《从古全浊声母的读音层次看湘南土话的性质》（2019），他在文中提出因郴州与客、赣方言区临近，地区间人们的交流较为频繁，几种方言间的接触导致郴州土话具有另外两种方言特点的可能性。[19]

除以上研究所指出的人口迁移的原因外，对于古全浊声母清化后的

音变特点，刘祥友（2008）指出"影响的主要因素是语音的发音机制和语言的语用机制"，他后来又在《湘南土话古全浊声母音变现象探微》（2009）里从"发音原理、清化时间、方言接触"三方面做出了详细介绍。[20] 与之相似的还有陈琼在其硕士论文《湖南东安石期市土话语音研究》（2012）中，以古今声、韵、调系统特点的对比，总结得出东安石期市的古浊声母今大多读清音，清声母大多读内爆音。她后来又分析了浊声母清化的两个原因，即人本身语音的发音条件（结合朱晓农所揭示的浊音发音的机制所得出浊声母不易发音亦难维持，从而清化缩小发音难度）和语言的语用规则（依据徐通锵的观点，总结得出"浊音清化是交际和表达的需要和人的自然惰性之间冲突的结果"）。[21]

总之，粤北土话中浊声母的演变最主要的原因是移民及周边方言的影响，这一点同湘南土话也有共通之处。

早在1999年，庄初升在《粤北土话中类似赣语的特点》的研究中，就从小称、语音、词汇三方面将粤北土话与赣语作对比，分析出粤北土话中与赣语相似的特点，指出两种方言中的某些相似点是有历史渊源的，"历史上江西中部、北部和东部赣语区的人民迁入粤北，是造成今天的粤北土话与赣语有着某些共同特点的根本原因"。粤北土话中的各方言小点在不同程度上受到了移民迁入的影响。[22]

李树俨在《中国语言地图集与湘粤土话研究》中提出湘粤土话的形成与早期的江西移民有关。但是，其在《粤北土话及周边方言国际研讨会述评》（2001）中也说明了有其他的可能性，李树俨在文中指出古全浊声母的演变方向是逐渐清化，演变后所呈现的不同发音特点是受声调、发音方法等的影响，"这些变化都应当看成是方言内部系统调整和自身演变的结果"。李冬香在《从音韵现象看桂北平话和湘南、粤北土话的形成》（2003）中提出"……湘南土话和粤北土话的形成是不同时期的历史移民不断沉淀以及同当地土著民族互相影响的结果。"[23]

粤北地区为四省交界处，处于湘南核心地市级的湖南郴州市和永州市则与粤北的北面接壤，因社会的变迁导致的人口迁移、交流接触，使各地区的语言、风俗等各方面既出现碰撞又互相影响。综合来看，这些影响也使湘南、粤北地区浊声母的演变存在相通之处，即浊声母的清化。清化后也有送气与否的区分，或不论平仄一律为送气音，或逢塞音、塞擦音又有不同的送气情况。如上文提到的李冬香对桂平、湘南、粤北三个地区的土话对比分析后得出的结论，即在古全浊声母今读遇塞音或塞擦音时，湘南部分地区土话与粤北部分地区土话的发音特点是相同的。早在1999年，庄初升在其《粤北土话中类似赣语的特点》中也提出"……我们有理由相信粤北土话和湘南土话实际上是连成一体的。"李如龙在《论混合型方言——兼谈湘粤桂土语群的性质》（2012）也提到罗昕茹就湘南土话和粤北土话中的词汇作对比后得出的结论"湘南与粤北西北片土话可以看成同一种土话"。

五、结语

相较于湘南土话区，人们对于粤北土话区单点的和系统的语音研究较少。文中以上内容结合各类湘南、粤北土话研究成果，从湘南、粤北土话的语音特点和湘粤边界土话语音系统中的浊声母分析两方面，总结出湘南、粤北土话的声、韵、调特征及音系中浊声母的类型演变。从各类研究成果中可以看出，在土话的古全浊声母演变方面，湘南、粤北两地一致的特点是全部或多数地区的全浊声母已清化，而清化后又有发送气清音与不送气清音的区分。如湘南土话方言点多数地区古全浊声母不论平仄今读一律为清声，粤北土话中又有遇塞音或塞擦音而不同的送气情况，部分方言点也存在平声不送气、仄声送气等现状。根据浊声母演变的特点和类型，以及湘南、粤北的地域特点如处于多省结合处，历史概况如人口变迁造成方言接触等，可推断出造成湘粤边界土话现状特点的主要原因是受人口的迁移及周边方言的影响，同时，也受方言内部结构演变以及人自身发音结构等因素的影响。

本章参考文献：

[1] 彭美娟.湖南道县寿雁土话词汇研究[D].长沙：湖南师范大学，2016.

[2] 陈立中.试论湖南汝城话的归属[J].方言，2002（3）：227-231.

[3] 刘祥友.湘南土话语音的历史层次[D].上海：上海师范大学，2008.

[4] 蒋毅竹.湖南道县官话语音研究[D].长沙：中南大学，2012.

[5] 王颖.湖南省宜章县栗源镇土话语音研究[D].长沙：湖南师范大学，2018.

[6] 李益.湘南临武土话音系特点[J].当代教育理论与实践，2010，2（5）：138-140.

[7] 黄红英，伍和忠.湘南蓝山竹管寺土话音系[J].广西师范学院学报（哲学社会科学版），2017，38（4）：158-167.

[8] 庄初升.连州市丰阳土话的音韵特点[J].语文研究，2001（3）：51-55.

[9] 邹晓玲.粤北连州沙坊话音系[J].方言，2016，38（4）：496-511.

[10] 李冬香.粤北乐昌廊田土话音系[J].韶关学院学报，2011，32（11）：68-72.

[11] 李冬香.粤北犁市土话音系[J].方言，2013（4）：369-384.

[12] 林立芳，庄初升.粤北地区汉语方言概况[J].方言，2000（2）：126-137.

[13] 唐伶.永州南部土话语音研究[D].北京：北京语言大学，2005.

[14] 李如龙.论混合型方言：兼谈湘粤桂土语群的性质[J].云南师范大学学报（哲学社会科学版），2012，44（5）：1-12.

[15] 欧阳国亮.桂阳土话古全浊声母清化的类型[J].清远职业技术学院学报，2011，4（1）：62-64.

[16] 庄初升，林立芳.粤北土话中古全浊声母字今读的类型[J].语文研究，2000（2）：48-53.

[17] 李冬香.从音韵现象看桂北平话和湘南、粤北土话的形成[J].广西民族学院学报（哲学社会科学版），2006（2）：19-2.

[18] 曾献飞.湘南、粤北土话古全浊声母送气/不送气成因初探[J].语言研究，2005（3）：98-101.

[19] 尹凯.从古全浊声母的读音层次看湘南土话的性质[J].方言,2019,41(1)：114-127.

[20] 刘祥友.湘南土话古全浊声母音变现象探微[J].湘南学院学报，2009，30（4）：98-101.

[21] 陈琼.湖南东安石期市土话语音研究[D].长沙：湖南大学，2012.

[22] 庄初升.粤北土话中类似赣语的特点[J].韶关大学学报（社会科学版），1999（5）：19-28.

[23] 李树俨.粤北土话及周边方言国际研讨会述评[J].韶关学院学报（社会科学版），2001（2）：26-35.

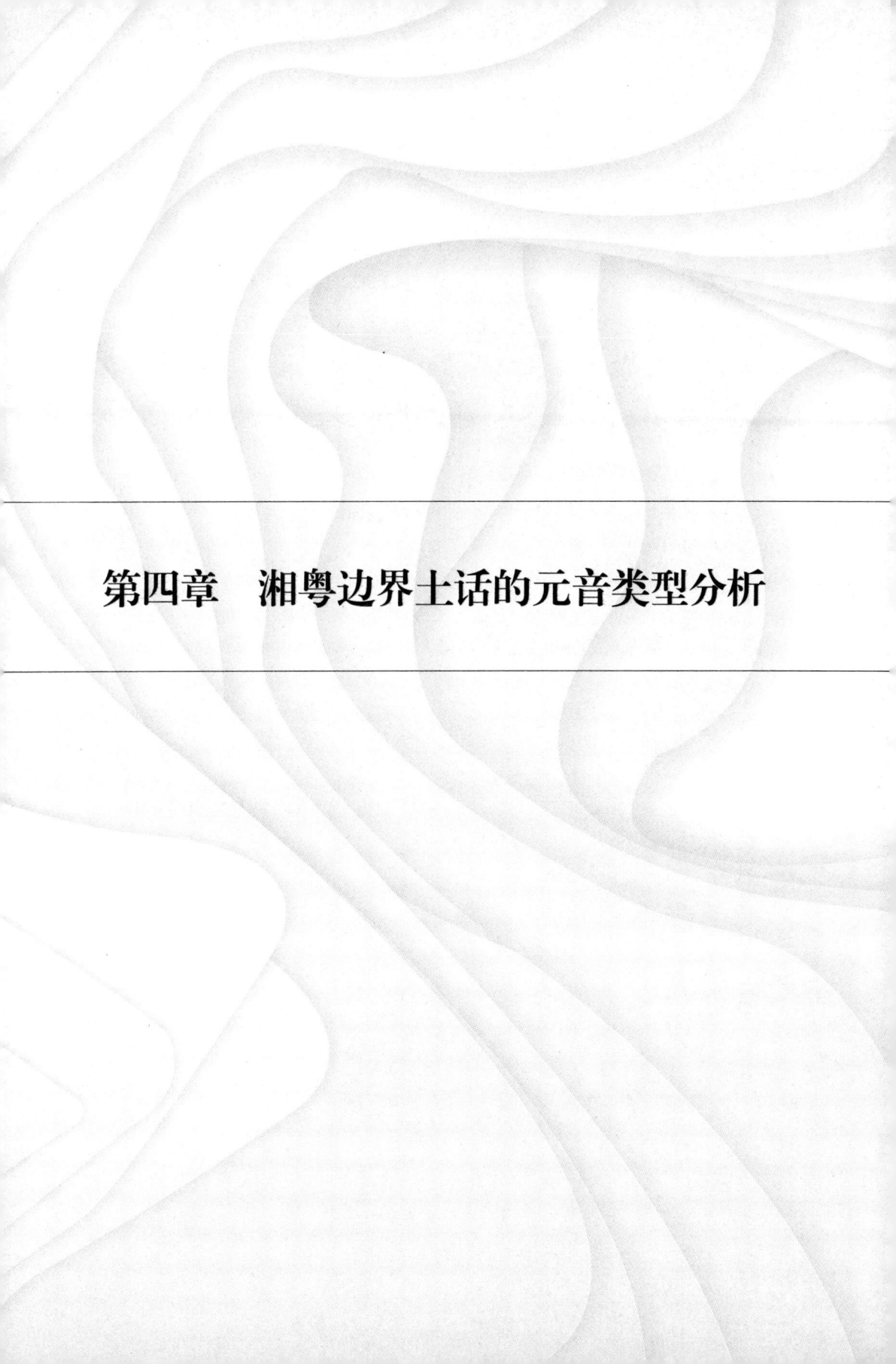

第四章　湘粤边界土话的元音类型分析

第四章　湘粤边界土话的元音类型分析

湘南与粤北地理相邻，两地民间交往历史悠久，文化习俗颇多相近，两地汉语方言的分布类型也相似，都属于双方言区。近年来，对于湘粤边界土话的研究主要是探寻湘南与粤北两地方言之间的联系，方言归属问题的讨论以及解释方言的变化发展规律。毫无疑问，湘南、粤北边界土话的深入研究对于拯救濒危土话有一定的帮助，也有助于延续汉语方言的多样性。

一、引言

湘粤边界地区指的是湖南省的湘南地区与广东省的粤北地区。湘南地区是指湖南南部的衡阳、郴州、永州三市，这一地区东面与江西省交界，西边则与广西壮族自治区交界，而南部与广东省交界。湘南地区算是湖南通往我国南方沿海城市的交通枢纽，各地人员来往频繁，语言上的交流就显得十分重要，这种情况不可避免地使湘南地区的语言受到影响。在最早将"湘南土话"作为指称术语的《中国语言地图集》（1989）说明稿中就指出："湖南省南部16个市县的交际语是西南官话，命名为湘南片。各市县内还有土话。[1]湘南土话与韶关土话的关系有待调查研究。""湘南土话"就是指湖南郴州、永州两市境内同时使用西南官话、土话作为交际语的"双方言"区的有待深入研究的"土话"。本章对于湘南土话的元音类型分析就不包括西南官话，只针对湘南地区与西南官话存在差异且较为小众的"土话"进行分析。

粤北地区是指广东省的北部地区，其东北与江西省的赣州地区相邻，北部与湖南省的郴州、永州地区相邻，西面与广西壮族自治区相邻。在粤北地区分布着很多归属未明的方言土话,《中国语言地图集》中称之为"韶州土话",如今,"粤北土话"这一名称更为学术界所认可。粤北地区流通最广、使用最普及的方言是客家方言,其次就是粤北土话。近年来,粤北土话和湘南土话越来越受到专业学者的关注。除了早期单点报告和调查材料的陆续发表,如今的研究更是将湘南、粤北土话联系在一起进行整体的、综合的、更为深入全面的研究,如关于粤北土话的性质和归属问题的探讨,粤北与湘南地区土话的联系等等。本章就湘南和粤北土话的元音类型进行比较,揭示两地方言元音类型的异同。

二、湘南土话元音类型的具体分析

湘南土话主要分布于湖南的永州和郴州地区。湘南的居住人口主要是汉族,本地人之间或者家庭内部一般使用当地土话,而对外交际则使用西南官话。与西南官话分布广泛且易懂的特点不同,湘南土话复杂难懂,而且内部分歧较大,可谓"十里不同音"。[2]

湘南土话中每个代表点都有各自的语音格局,语音格局观是由石锋教授提出的,其核心观点为:每一种语言和方言的语音都有系统性,语音格局是语音系统性的表现。语音格局涉及语音学和音系学的相关内容,对我们认识湘南土话的语音个性特征及其发展规律有重要意义。作为语音格局的重要方面,元音格局充分体现了元音的系统性;湘南土话语音格局的研究,离不开元音格局的类型分析。一级元音是指语言或方言中作单韵母的元音,本书考察了湘南土话20个代表点的一级元音的元音格局,并尝试进行归类。

(一)湘南土话各个代表点的一级元音及格局的类型

1.湘南土话一级元音的具体情况

江永:[i, u, y, a, ø, ɯ]

道县小甲：[ɿ, i, u, y, a, o, ɛ, ə, ɯ]

嘉禾广发：[ɿ, i, u, y, a, o, ə]

东安：[ɿ, i, u, y, a, o, e]

宜章大地岭：[ɿ, i, u, y, a, o, e]

道县寿雁：[ɿ, i, u, a, ɤ, o, ɔ, ɯ]

江华寨山：[i, u, y, a, o, e, ɐ]

桂阳洋市：[ɿ, i, u, y, a, o, ɛ]

桂阳敖泉：[ɿ, i, u, y, a, o, e, ɯ]

双牌江村：[ɿ, i, u, y, a, ə]

嘉禾坦平：[ɿ, i, u, y, a, o, e]

遂宁关峡：[ɿ, i, u, y, a, o, ɛ, ē]

宁远东路：[ɿ, i, u, y, a, æ, ɔ, o, e, ə]

宜章赤石：[ɿ, i, u, y, a, o]

蓝山太平：[ɿ, i, u, y, a, o, e]

冷水滩岚角山：[ɿ, i, u, y, a, o, e, ɤ]

新田南乡：[ɿ, i, u, y, a, o, e]

江华粟米塘：[ɿ, i, u, y, a, o, ə, e, ɛ]

资兴南乡：[ɿ, i, u, y, ʉ, a, o, ɛ]

桂阳流峰：[ɿ, i, u, y, a, æ, o, ɛ, e]

2. 湘南土话各个代表点一级元音格局的类型

我们按照湘南土话代表点包含元音的个数将元音格局划分为不同的类型，如某方言元音格局由 7 个元音组成，就称为七元音型。根据对前人的研究结果的整理分析，我们发现湖南境内方言 127 个点的元音格局共有 9 种类型。我们将湖南省境内方言一级元音格局类型整理如下表（表4-1）：

表 4-1　湘南土话元音格局类型表

类型	湘南土话代表点			总计
六元音	江永	双牌江村	宜章赤石	3
七元音	嘉禾广发 宜章大地岭 新田南乡	东安 桂阳洋市 蓝山太平	江华寨山 嘉禾坦平	8
八元音	道县寿雁 冷水滩岚角山	桂阳敖泉 资兴南乡	遂宁关峡	5
九元音	道县小甲	桂阳流峰	江华粟米塘	3
十元音	宁远东路			1

考察湘南土话 20 个代表点，我们可以看到湘南土话的一级元音有五种类型：以七元音型、八元音型为主；七元音型最多，有 8 个土话代表点，八元音型次之，有 5 个土话代表点；六元音型、九元音型也各有 3 个土话代表点；十元音型很少，仅有宁远东路一个代表点。[3]

其分布情况也有一定的规律，土话的边缘地区，一级元音数量相对少些，说明其受官话影响较深；越靠近土话的核心区域，一级元音数量越多，构型也更为复杂。

3. 湘南土话一级元音格局的构型

从元音舌位分析，湘南土话的一级元音格局的构型都是三角形态，和普通话的四角分立形态很不一样。所有土话代表点的一级元音格局都是以舌面前不圆唇高元音 [i]、舌面后圆唇高元音 [u]、舌面前不圆唇低元音 [a] 作为三角形的三个顶点布局，没有 [a] 与 [ɒ] 的对立，和湖南绝大多数的大的一级元音格局一致；不同之处在于湖南方言如湘潭市（一级元音：[ɿ, ʮ, i, y, u, e, o, a, ɑ]）、汨罗（常乐山）（一级元音：[ɿ, ʮ, i, y, u, ø, o, a, ɑ]）等地的一级元音都有 [a] 与 [ɑ] 的对立，是四角分立的，而湘南土话一级元音格局没有例外。

下面是岳阳汨罗（常乐山）的元音舌位图（图4-1）：

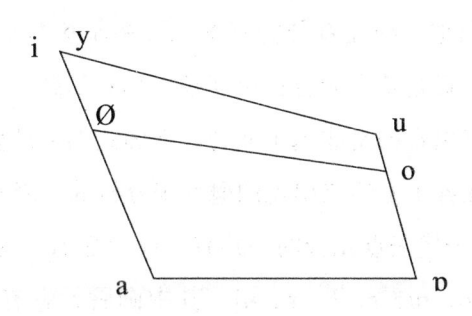

图4-1 岳阳汨罗（常乐山）的元音舌位

湘南土话以七元音型、八元音型为主，主元音基本都是 [i, u, y, a, o, e]，如东安、宜章大地岭、江华寨山、桂阳敖泉、嘉禾坦平、宁远东路、蓝山太平、冷水滩岚角山、新田南乡、江华粟米塘、桂阳流峰等地。

它们的基本元音格局如下图（图4-2）所示：

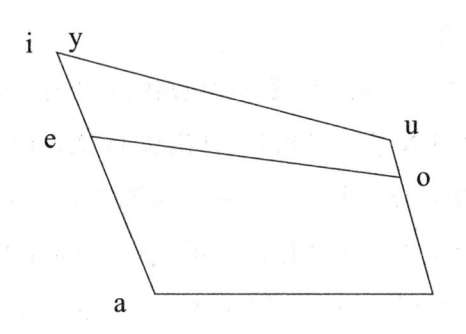

图4-2 湘南土话的基本元音格局

从以上材料可以看出，无 [a, ɑ] 的对立，无舌尖前元音 [ɿ] 与舌尖后元音 [ʅ] 的对立，三角分立，以 [i, u, y, a, o, e] 为基本主元音，这是湘南土话一级元音结构类型的共性特征。

4. 湘南土话元音格局类型的特点分析

下面我们从元音的频率和元音规则来分析湖南土话的一级元音格局的特点。

（1）湘南土话一级元音出现频率。根据元音在湘南土话各个代表点出现的概率，我们把一级元音分为基本元音和非基本元音。高频出现的为数不多的一级元音是基本元音；出现频率相对不高，只在个别代表点，甚至仅一个代表点出现的是非基本元音。下面我们从湘南土话的20个代表点的一级元音在各个土话点出现的概率来分析其一级元音格局的特点。

湘南土话20个代表点元音的一共有一级元音16个：[ɿ, i, u, y, a, æ, ɔ, o, e, ə, ø, ɯ, ɛ, ɤ, ɐ, ʉ]。其中圆唇元音有6个：[y, u, ʉ, ø, o, ɔ]。其他10个为不圆唇元音。从这些一级元音在湘南土话出现的次数上看：[ɿ]出现18次，未出现的土话点是江永、江华寨山；[i]、[u]、[a]各出现20次，所有土话点都有；[y]出现19次，未出现的土话点是道县寿雁；[o]出现18次，未出现的土话点是双牌江村、江永；[e]出现11次，[ə]出现五次，[ɯ]出现3次，[ɛ]出现6次，[ɔ]、[æ]、[ɤ]各出现2次，[ø]、[ʉ]、[ɐ]各出现一次。[4]

湘南土话16个一级元音出现频率较高的元音及其出现的次数分别是[i]、[u]、[a]各出现20次，其次是[y]出现19次，而后是[ɿ]、[o]各出现18次，[e]出现11次。相应地，这些高频率元音可以分为三个等级：第一级是[i, u, a]，第二级是[y, ɿ, o]，第三级是[e]。

湘南土话的一级基本元音是[i, u, y, a, o, e]，共6个，其他为非基本元音。

湘南土话的20个代表点中江永、双牌江村、宜章赤石的一级元音最少，只有6个：分别是[i, u, y, a, ø, ɯ]、[ɿ, i, u, y, a, ə]、[ɿ, i, u, y, a, o]。它们是由一级基本元音[i, u, y, a]加上[ø, ɯ]、[ɿ, ə]或[ɿ, o]组成。这些元音多是第一级的高频率元音，也是湘南土话最基本的元音。七元音型的土话代表点基本上是在[ɿ, i, u, o, a, y]等高频元音的基础上增加了[e, ɛ, ə, ɤ, ø, ɔ]等一级元音，其中[e]出现的频率较高，这一点与湖南大多数方言一致。八元音型的湘南土话代表点的一级元音大体上是在 [ɿ, i, u, o, a, y] 等高频元音的基础上增加了 [ɯ, e, ə, ɛ, æ, ɔ, ø, ʉ, ɐ] 等一级元音，其中 [e, ɛ, ə] 三个一级元音出现的频次较高，并首次出现了 [ɔ] 与 [o] 对立。九至十元音型土话代表点大体上可以视作在 [ɿ, i, u, o, a, y] 等高频元音的基础上增加了 [ɯ, e, ə, ɤ, æ, ɔ, ɐ] 等一级元音，其中 [e, ə, ɤ, ɛ, æ, ɔ] 出现的频率较高。

（2）湘南土话的一级元音格局的特点。下面我们将具体分析湘南土话代表点一级元音格局的特点。

1997年 Jean-Luc Schwar 等认为：元音系统首先采用基本的元音，如果超过9个元音，那么系统倾向于接纳次要发音部位及方法发出的音。同样，湘南土话代表点一级元音系统首先采用其基本元音 [ɿ, i, u, y, a, o]，超过7个元音后，元音系统中就会出现 [ɯ, ø, ɐ, ɤ, ɛ, æ, ɔ] 等次要发音部位元音，元音愈多出现的频率愈高。

湘南土话代表点一级元音系统中，元音最少只有6个，7～8个元音占多，至多是10个元音的系统。这与大多数语言的一级元音系统由3～9个元音组成的状况是一致的。

湘南土话16个一级元音中，周边性元音有 [i, y, ɯ, u, ʉ, e, ø, o, ɛ, æ, ɔ]，这些元音的区分度较高；非周边性元音有 [ɿ]；低周边性元音有 [a, ɐ]；央元音有 [ɤ, ə]。元音系统偏爱周边性元音，前元音和后元音数量不对称，前元音少于后元音，这与世界上的绝大多数语言情况相一致。前元音多的我们称之为前重型元音系统，后元音多的为后重型元音系统，湘南土话代表点一级元音系统都是前重型元音系统。

Jean-Luc Schwar 等还认为：基本元音系统中的内部元音一般是央高元音。如果没有央高元音，那么就是前圆唇元音。随着舌位的降低，元音出现的机会减少。这一点在湘南土话中同样有所体现：16个一级元音中根据类型学的标记性理论，前不圆唇元音 [i, e, ɛ, æ, a]，后圆唇

元音 [u, o, ɔ] 以及中央元音 [ɤ, ə] 为无标记元音，是第一层次的元音；前圆唇元音 [y, ø]，后不圆唇元音 [ɯ, ɤ] 为有标记元音，为第二层次的元音；[ŋ] 及央高圆唇元音 [ʉ] 为有标记元音，属于第三层次的元音。

湘南土话代表点的一级元音系统多由第一层元音组成，其数目远超第二、三层有标记元音的数目。人们发音时偏向于发音相对简单区别度较高的无标记元音。

湘南土话代表点的一级元音系统高频率一级元音以中、高元音为主，第一、第二级高频率元音有中高元音 [i, u, o, y, e]，低元音只有 [a]。

（二）湘南土话中各单元音出现的频率及其分析

本书根据《湖南方言调查报告》（杨时逢，1974）中湘南土话的"极常用词表"给出的例子进行统计和相关的计算，得出表 4-2。[5]

表 4-9　9 个方言代表点单元音出现的频率

方言点 频率 元音	ɑ	o	e	ɤ	ə	i	u	æ	ɯ	ɛ	y
新田	20.5%	15.4%	7.7%	2.6%	—	—	7.7%	—	5.1%	—	—
宁远	15.8%	—	2.6%	20.1%	—	2.6%	2.6%	—	—	—	—
蓝山	15.6%	4.4%	11.1%	—	2.2%	15.6%	2.2%	—	—	2.2%	—
东安	9.3%	6.2%	3.1%	—	15.6%	3.1%	9.3%	—	—	—	—
道县	5.1%	5.1%	5.1%	15.3%	—	10.2%	2.5%	—	—	—	—
永明	11.3%	2.2%	13.6%	—	—	—	4.5%	2.2%	—	—	—
江华	9.0%	—	9.0%	—	9.0%	18.1%	4.5%	—	—	—	—
嘉禾	14.9%	12.8%	12.8%	8.5%	8.5%	10.6%	—	—	—	—	2.1%
宜章	10.3%	6.8%	31.0%	—	3.4%	6.8%	—	—	—	—	3.4%
总频率	12.8%	6.3%	7.8%	6%	5.1%	6.6%	3%	0.5%	0.8%	0.2%	0.6%

注：出现频率（或总频率）=出现频数（总出现频数）/方言点记录音节（或总记录音节）×100%。

第四章　湘粤边界土话的元音类型分析

　　如表 4-2 中所示，在这 9 个方言代表点中单元音最多有 7 个，最少不低于 5 个。从表中我们可以直观地看到，湘南方言代表点单元音出现频率最高的是 [ɑ]（12.8%），所有的方言点都出现了单元音 [ɑ]，并且所占的比重都较高。出现频率最低的是元音 [ɛ]（0.2%），据笔者的统计元音 [ɛ] 只在湘南地区蓝山县记录的"极常用词表"中出现了一次。其余的单元音出现频率均不超过 10%。在《湖南方言调查报告》（杨时逢，1974）中湘南土话的"极常用词表"出现频率较高的单元音为 [ɑ]（12.8%）、[e]（7.8%）、[i]（6.6%）和 [o]（6.3%），这些单元音总出现频率都在 6% 以上。出现频率较低的单元音为 [ɤ]（6%）、[ə]（5.1%）、[u]（3%）、[ɯ]（0.8%）、[y]（0.6%）、[æ]（0.5%）和 [ɛ]（0.2%），这些单元音出现频率低于 6%。通过进一步的观察我们可以发现，上表中出现频率较高的元音 [ɑ]、[e]、[i] 和 [o]，除了 [ɑ] 在所有方言代表点都出现了以外，[e] 也在所有方言代表点出现了，而在湘南 9 个方言代表点中五元音类型方言中都没有出现 [o]。从总体来看，虽然湘南地区的方言点中确实涵盖有通常所说的 [i、u、ɑ] 元音三角，但是并非所有方言代表点中都出现了元音三角，这一点与传统语言学认为的所有语言都存在元音三角 [i、u、ɑ] 的情况有所出入。

　　因为 [i、u、ɑ] 元音三角通常可以视为元音发音部位的三个端点，所以除了 [i、u、ɑ] 以外的其他元音的出现频率可以看出该地区元音分布的类型特征。笔者将上表中的元音数据根据元音的位置前后以及是否圆唇与否再次进行了整合统计，见表 4-3。我们从表中可以发现除了 [i、u、ɑ] 元音三角以外的元音中，前不圆唇元音和后圆唇元音同样是外围元音，前不圆唇元音比后圆唇元音出现频率明显要高出许多，并且在所有除了 [i、u、ɑ] 元音三角以外的元音中出现频率也是最高的。通过继续比较我们还可以发现，虽然前圆唇元音和后不圆唇元音同为非外围元音，但是后圆唇元音比前圆唇元音的出现频率要高。从总体上来说，虽然前不圆唇元音出现的频率是最高的，但是前不圆唇元音和前圆唇元音的出现频率（所占比例）之和是低于后不圆唇元音和后圆唇元音的出现频率（所占比例）之和的。也就是说，通过数据的比较来看，在湘南地区的方言点中，前元音是不占明显优势的。这与叶晓峰在《汉语方言语音的类型学研究》中指出的"汉语方言明显是前元音占优势的"的结论有所不同。[6]并且进一步来说，就《湖南方言调查报告》（杨时逢，1974）中湘南土话的"极常用词表"给出的例子中单元音出现的频率来看，从表4-3中还可以看出，前圆唇元音出现的频率不高，这与叶晓峰在《汉语方言语音的类型学研究》中指出的"前圆唇元音出现频率相对较高是汉语方言的一个突出特征"的描述也是不同的。

一般来说，外围元音数量应该比非外围元音数量要多，而在表4-3中无论是从后圆唇元音和前圆唇元音的比较来看，还是从前不圆唇和后不圆唇的比较来看，外围元音（后圆唇元音和前不圆唇元音）出现的频率确实要多出许多，这也反映出在湘南地区的方言代表点的方言中外围元音的数量确实更加占优势。

表4-3 除元音三角外的单元音位置与出现频率

单元音位置	前不圆唇	前圆唇	央	后不圆唇	后圆唇
出现频率	10.75%	0.9%	3.89%	6.27%	6.27%

（三）湘南土话中二合元音出现的频率及其分析

在湘南9个方言代表点的"极常用词表"中，杨时逢先生记录中出现不少二合元音韵母，并且在汉语方言中二合元音发挥着较为重要的作用，同时二合元音所占比重也不小，那么湘南地区的方言作为汉语方言的分支之一，其出现的二合元音也应该受到重视。笔者对9个方言代表点二合元音的统计发现，总共出现了17个双元音组合的二合元音，但因为有的二合元音出现频率过低，所以在9个方言代表点中只出现了一次

第四章 湘粤边界土话的元音类型分析

的二合元音没有计算出现概率也不进行讨论，由此得出 9 个方言代表点二合元音出现的频率表，如表 4-4 所示。

表 4-4 9 个方言代表点二合元音出现的频率

方言点 频率 元音	ɑi	iɑ	io	uə	iu	ie	iɤ	ɑo	ɑɤ	ei	ue
新田	2.6%	15.4%	2.6%	2.6%	—	12.8%	—	2.6%	—	—	2.6%
宁远	2.6%	10.5%	5.3%	—	—	21.1%	—	2.6%	—	—	—
蓝山	20%	6.6%	—	2.2%	4.4%	—	—	4.4%	2.2%	2.2%	2.2%
东安	15.6%	3.1%	3.1%	3.1%	—	—	—	—	—	—	—
道县	7.6%	—	—	2.5%	2.5%	7.6%	—	—	—	—	—
永明	2.2%	—	4.5%	—	2.2%	6.8%	—	2.2%	2.2%	—	—
江华	4.5%	—	—	4.5%	—	4.5%	—	—	—	13.6%	—
嘉禾	2.1%	8.5%	—	—	—	6.3%	—	—	2.1%	—	—
宜章	3.4%	3.4%	—	—	—	6.8%	—	—	—	10.3%	—
总频率	6.9%	5.7%	1.8%	0.6%	1.2%	6.9%	0.9%	1.5%	0.9%	2.1%	0.6%

我们从表 4-4 中可以看出，出现频率最高的是 [ɑi] 和 [ie]，出现频率都有 6.9%，但是只有 [ɑi] 出现在所有方言代表点中，在蓝山和东安两个方言代表点的"极常用词表"中并没有出现 [ie]，这可以看出与 [ie] 相比 [ɑi] 在湘南方言中是更占优势的。另外，[iɑ] 在方言代表点中出现的频率也很高，因此推断到由单元音 [i] 和 [ɑ] 组成的二合元音在湘南方言中是具有明显优势的。单元音 [i] 是前高元音，而 [ɑ] 则是央低元音，通过上述分析可以发现，在湘南方言代表点中由一个低元音和一个高元音组成的二合元音占据较高的比例。并且可以看到，出现频率不超过 1%

065

的二合元音 [iɤ、ɑɤ] 和 [ue] 都不是高元音和低元音的组合方式，这更进一步说明了高元音和低元音组合而成的二合元音在湘南方言中占据优势地位。而这样的组合优势其实在汉语方言中也是普遍存在的，这样的组合（一个高元音和一个低元音组合）方式出现频率高，是因为高元音和低元音之间的空间距离大，就导致了听感区别大、辨音明显，因此这样的元音组合方式就占据了很大的优势。湘南方言代表点中的二合元音情况就符合这一规律。

进行频率计算的 11 个二合元音中，[ai、ɑo、ɑɤ] 和 [ei] 共四个是前响二合元音，[iɑ、io、uə、iu、ie、iɤ、ue] 共七个是后响二合元音。从二合元音出现的类型来看，后响二合元音不但出现的类型更加丰富，而且总共频率上要比前响二合元音多得多。因此，从这一个方面来说，在湘南方言中后响二合元音不但出现频率要高于前响二合元音，而且类型上也要比前响二合元音丰富，后响二合元音在湘南方言代表点中占据优势地位。[7] 根据语言学前辈们对东亚语言的观察，整个东亚语言是前响二合元音的出现频率更高而且类型也更加多。而叶晓峰对汉语方言做了深入全面的调查后发现"汉语二合元音的突出特点是：后响二合元音出现频率特别高"。很显然，从上述分析可以看到湘南方言代表点的二合元音是符合这一情况的。

（四）湘南方言元音类型分析小结

经过上述的分析探讨，湘南方言元音类型主要有以下几个特点：

1. 对于单元音来说

第一，湘南方言总体来说涵盖了元音三角 [i、u、ɑ]，但是通过深入考察我们发现并非所有方言代表点中都出现了元音三角，这一点与传统语言学认为的所有语言都存在元音三角 [i、u、ɑ] 的情况是不同的。

第二，在湘南地区的方言点中，前元音的出现频率并不是特别突出，前元音在湘南方言中的优势不够明显。

第三，湘南地区的方言中外围元音的数量明显高于非外围元音。

2. 对于湘南方言中的二合元音来说

第一，在湘南方言代表点中由一个低元音和一个高元音组成的二合元音类型有更为突出的优势。

第二，湘南方言中后响二合元音不但出现频率要高于前响二合元音，而且在类型上也要比前响二合元音丰富，后响二合元音在湘南方言代表点中占据优势地位。

三、粤北土话元音类型的具体分析

粤北土话是粤北地区不同于客家话且与客家方言有着较大区别的方言，即粤北地区不同的县、市、区分布着各有特色的土话。

（一）粤北土话中的单元音类型及其分析

本书对粤北土话单元音的分析主要选取了粤北的乐昌廊田、长来、北乡、黄圃、皈塘、三溪、犁市和连州沙坊 8 个地区的土话来进行分析。以下是乐昌廊田、犁市和连州沙坊等 8 个地区土话的单元音类型具体情况。

乐昌廊田：[ɿ, i, u, y, ɑ, o]

长来：[i, ɿ, u, y, ɑ, ɔ]

北乡：[ɿ, i, u, y, ɑ, ɔ, ə]

黄圃：[ɑ, i, u, y, o, ø, ɿ]

皈塘：[ɿ, i, u, y, ɑ, ɔ, ɛ]

三溪：[ɿ, i, u, y, ɑ, æ, ɔ, o, œ]

犁市：[ɿ, i, u, y, ɑ, o, e, œ]

连州沙坊：[ɑ, o, e, ɿ, i, u, y]

在这 8 个粤北土话方言代表点中单元音的个数是 6～9 个，其中，三溪地区方言中出现的单元音类型最多，有9个。同时，我们可以看到在这8个方言代表点中都出现了元音三角 [i、u、a]。除了元音三角 [i、u、a]，单元音 [y] 也都出现在粤北土话的8个方言代表点中。单元音 [y] 在汉语方言中出现的频率本身也是非常高的，它也被归纳为汉语方言在元音类型上的一个显著特征，而粤北土话是与这个特征相一致的。

同湘南土话一样，粤北土话研究也是通过 [i、u、a] 元音三角作为元音发音部位的三个端点，然后考察除了 [i、u、a] 以外的其他元音的出现频率来分析粤北地区元音分布的类型特征。

表4-5 除元音三角外的单元音位置与出现频数

元音位置	前不圆唇	前圆唇	央	后不圆唇	后圆唇
频数	20	12	8	-	17

通过对除了元音三角的单元音圆唇与否和位置的前后的分类统计后，我们可以很直观地发现，在粤北土话方言代表点中的单元音总体类型特征是前元音处于优势地位，这一点可以在表4-5中看得很清楚。在表4-5中我们还可以很清楚地看到，首先，同为外围元音的前不圆唇元音和后圆唇元音，前者的出现频数（20）是高于后者（17）的；其次，同为非外围的前圆唇元音和后不圆唇元音相比，前圆唇元音的频数（12）也是高于后不圆唇元音（0）的，前元音的优势更加凸显；再次，一般来说外围元音数量要比非外围元音数量多得多，但是从表4-5中看到我们前圆唇元音的出现频数与后圆唇元音的出现频数相差不大，作为外围元音的后圆唇元音的数量并没有凸显优势；最后补充一点，在粤北土话8个方言代表点中除了元音三角以外，并没有出现其他的后不圆唇元音，这更加从侧面证明了前圆唇元音在粤北土话中占据优势地位。因此从上面的分析探讨来说，毫无疑问的是在粤北土话中前元音有着更加突出的地位和明显的优势。[8] 这与叶晓峰在《汉语方言语音的类型学研究》中

指出的"汉语方言明显是前元音占优势的"结论是一致的。

粤北土话这8个方言代表点中的单元音还有一个突出的特点,那就是作为外围元音的前不圆唇元音和后圆唇元音的频数之和,是高于非外围元音前圆唇元音和后不圆唇元音频数之和的,这一特点与传统语言学上认为的外围元音数量要多于非外围元音数量的观点是一致的。[9]

（二）粤北土话中的二合元音类型及其分析

二合元音也是粤北土话语音的重要组成部分,对于粤北土话中二合元音的研究分析还是十分重要的。接下来还是以乐昌廊田、长来、北乡、黄圃、皈塘、三溪、犁市和连州沙坊这8个地区的土话为例来分析粤北土话中二合元音类型的具体情况。由于元音与元音之间的组合类型过多,尽数罗列则会占据太大篇幅而又不具有实际意义,因此以下只选取了出现频数较高,至少出现在两个地区及以上的二合元音进行陈列。

乐昌廊田：[uo, ai, ei, au]

长来：[ua, ai, ei, ou]

北乡：[ia, ai, ua, εi, ei, ui, ɔu, ou, iu]

黄圃：[ia, ai, ua, ie, io, iu, εi, ɔu]

皈塘：[ia, ua, ei, ie, ue, iu, iɔ, ai, au, ɔu]

三溪：[ua, ia, iɔ, ɔu, iu, ai, ei, ie]

犁市：[uo, ai, ei, au, iu, ia, ua, io, ie, ue, ou]

连州沙坊：[ai, iu, ui]

在以上二合元音的陈列中,值得注意的是所有二合元音组合中,多数由 [i、a、u、o、e] 这五个单元音组成。这五个元音都是舌面元音,只是舌位前后和唇形的展、扁、圆敛各有不同,说明在粤北土话这8个代表点的二合元音组合中,舌面元音组成的二合元音类型占了大多数,而舌尖元音和卷舌元音在二合元音中少有出现。在粤北土话8个方言代表

点中只有二合元音 [ai] 出现在所有方言代表点中，其余的二合元音类型只出现在部分土话代表点中。从陈列中我们还可以看到，在 8 个方言代表点中由 [i] 和 [a] 组成的二合元音，还有 [u] 和 [a] 组成的二合元音基本上都要出现 2～4 次，出现频率很高。因此，我们可以推断出由单元音 [i] 和 [a] 还有 [u] 和 [a] 组成的二合元音在粤北土话中具有很明显的优势。我们进一步分析可以看到，单元音 [i] 和 [u] 都是前高元音，而 [a] 则是央低元音，通过上述分析可以发现，在粤北土话代表点中由一个低元音和一个高元音组成的二合元音占据较高的比例，这种由高元音和低元音组合而成的二合元音也是粤北土话中的一个特征。叶晓峰在他的研究中也归纳出一个结论，"如果一个语言中存在二合元音，最优的二合元音肯定是由一个高元音和一个低元音构成的，而不可能是由两个前高元音构成的。"显然，粤北土话 8 个方言代表点中的二合元音情况与这一结论是相吻合的，因为出现频数最多的二合元音正是由高元音和低元音组成的。进一步分析比较 [i] 和 [a] 组成的二合元音与 [u] 和 [a] 组成的二合元音频数，从表 4-6 可以看出前者的出现频数更高。[10]

表 4-6　ia 型二合元音与 ua 型二合元音出现的频数

二合元音类型	i 和 a 组成	u 和 a 组成
出现频数	13	9

从下面的舌位图（图 4-3）可以看到，前高元音 [i] 和央低元音 [a] 的空间距离是最大的，后高元音 [u] 和央低元音 [a] 虽然也是高元音和低元音的组合，但是空间距离不如 [i] 和 [a] 的大。由于发音时空间距离越大，音感差别就越大，所以在高元音和低元音组合而成的二合元音中，前高元音 [i] 和央低元音 [a] 的组合更为突出，占比更大。

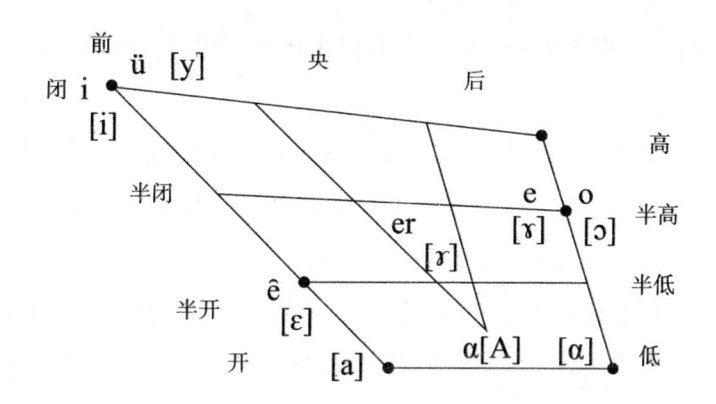

第四章 湘粤边界土话的元音类型分析

普通话舌面元音舌位图
（[ ]号内是国际音标）

图4-3 元音发音舌位图

在列出的总共15个二合元音类型中，有7个是前响二合元音，有8个是后响二合元音，就类型的个数来说后响二合元音更多。而从表4-5中的数据来比较两者的出现频数，也是前响二合元音的频数少于后响二合元音，但是两者频数相差不大，就这一点来看在粤北土话8个方言代表点中的二合元音，还是后响二合元音比前响二合元音相对突出。综上分析可以知道，在粤北土话8个方言代表点中后响二合元音相比于前响二合元音是稍微占据优势地位的。[11] 粤北土话中的这一情况与叶晓锋对汉语方言语音研究的著作《汉语方言语音的类型学研究》中指出的"汉语二合元音的突出特点是：后响二合元音出现频率特别高"是基本一致的。

（三）粤北土话的元音类型分析小结

经过上述的分析探讨，粤北土话元音类型主要有以下几个特点：

1. 对于单元音来说

第一，粤北土话8个方言点中都出现了元音三角[i、u、ɑ]，这一情况与传统语言学认为的所有语言都存在元音三角 [i、u、a] 的情况是一致的。

第二，在粤北地区的方言点中，前元音有着更加突出的地位和明显的优势，这与叶晓峰在《汉语方言语音的类型学研究》中指出的"汉语方言明显是前元音占优势的"结论是一致的。

第三，粤北地区的方言中，外围元音的数量明显高于非外围元音。

2. 对于二合元音来说

第一，在粤北土话方言代表点中，由一个低元音和一个高元音组成的二合元音类型有更为突出的优势，其中尤以高元音 [i] 和低元音 [a] 的组合方式最为突出。

第二，粤北方言中，后响二合元音出现的频数要稍微高于前响二合元音，而且类型上也要比前响二合元音丰富，后响二合元音在粤北土话方言代表点中占据优势地位。

四、湘粤边界元音类型的综合分析

经过上述分析讨论，湘南与粤北地区方言的元音类型、分布特征都已经各自明确，但是对于这两个地区方言元音类型的分析不应该各自孤立，因为这两个地区不仅地理位置相邻，而且人文风俗相近，是有着很多联系的。对于两地方言语音的研究，应该更多地去探寻两地元音类型之间的联系，做一个整体、综合的对比分析，从而对这两地的方言有更加深入、更加全面的认识。

（一）湘南与粤北方言中的单元音综合分析

首先，两地方言代表点中元音三角方面出现频率的差异。在湘南方言中总体来看涵盖了元音三角 [i、u、a]，但是经过仔细分析、观察发现在湘南方言代表点中并非所有方言都出现了元音三角。而粤北土话 8 个方言点的方言中都出现了元音三角 [i、u、a]，这一情况与传统语言学认为的所有语言都存在元音三角 [i、u、a] 的情况是一致的。在这一点上两者的差异并不是很大。

其次，两地方言代表点中前元音地位的突出程度。经上述分析可知，在湘南地区的方言点中，前元音是出现的频率并不是特别突出，前元音在湘南方言中的优势不够明显。[12] 这点在粤北地区的方言点中的情况是不一样的，在粤北地区方言代表点中，前元音有着更加突出的地位和明显的优势。在这一点上两者的情况存在较大差异。

最后，两地方言代表点中单元音中外围元音和非外围元音数量的比较。通过对湘南地区方言的分析比较，可以看到外围元音的数量明显高于非外围元音。粤北地区的方言中外围元音的数量也是明显高于非外围元音。在这一点上，两地的单元音类型都非常符合传统语言学中"外围元音的数量要比非外围元音的数量多"观点。总体上来说，两个地区的单元音类型是大同小异的。

（二）湘南与粤北方言中的二合元音综合分析

首先，对于两个地区的二合元音的综合分析，要从二合元音中的最优组合形式说起。在湘南方言代表点中由一个低元音和一个高元音组成的二合元音形式是出现频率最高的，这一点粤北方言中的情况与之相同，而且在高元音和低元音组合而成的二合元音中，两个地区的方言都是以低元音 [i] 和高元音 [a] 组合而成的二合元音最为突出，出现频率最高。这种在发音上空间距离大，导致音感差异大的二合元音组合形式在两个地区都是出现频率最高的，也是其中最优的组合形式。

其次，是对两个地区二合元音类型中前响二合元音和后响二合元音情况的比较。在湘南方言中后响二合元音不但出现频率要高于前响二合元音，而且类型上也要比前响二合元音丰富，后响二合元音在湘南方言代表点中占比更多，相比于前响二合元音，后响二合元音显得更有优势。

粤北方言中二合元音的情况与湘南地区基本一致。在粤北土话中后响二合元音出现的频数要稍微高于前响二合元音，而且类型上也要比前响二合元音丰富，就是说在粤北方言代表点中也是后响二合元音占据优势地位。在二合元音的情况上，两个地区是相同的。

五、结语

经过上述分析，我们可以看出湘南土话与粤北土话元音类型的情况是大同小异的。在学术界中，湘粤边界土话的综合研究仍在继续。本章只是从湘粤边界土话中的元音类型这一角度开展了讨论，从两地方言中元音的分布特征到元音的类型特点都进行了分析和比较，但是对于湘粤边界土话有待研究的问题还有很多。首先本章对于两地土话元音类型出现某些差异的原因尚未做出讨论。其次，从纵向（历时角度）上去考察，两地方言土话究竟是逐渐趋同的还是逐渐分化的？最后，新中国成立后推行的普通话对这些方言的演变是否造成了影响，又在哪些方面及多大程度上影响了这些方言？诸如此类的问题仍然需要各位语言学学者的不断探索。

本章参考文献：

[1] 李荣．中国语言地图集 [M]．香港：香港朗文（远东）有限公司，1987．

[2] 彭泽润，彭建国．"南岭方言群岛"：方言学的新大陆 [J]．郴州师范高等专科学校学报，2001，22（6）：92-93．

[3] 谢奇勇．《湖南方言报告》中的"湘南土话" [J]．方言，2002（2）：144-150．

[4] 尹凯．从古全浊声母的读音层次看湘南土话的性质 [J]．方言，2019（1）：114-127．

[5] 杨时逢．湖南方言调查报告 [M]．南京：中央研究院历史语言研究所，1974．

[6] 叶晓峰.汉语方言语音的类型学研究[D].上海：复旦大学，2011.

[7] 李冬香.从音韵现象看桂北平话和湘南、粤北土话的形成[J].广西民族学院学报（哲学社会科学版），2006，28（2）：19-23.

[8] 王福堂.平话、湘南土话和粤北土话的归属[J].方言，2001（2）：107-118.

[9] 李冬香.粤北土话的分布和使用人口[J].桂林师范高等专科学校学报，2012（1）：6-9.

[10] 庄初升.粤北土话音韵研究[M].北京：中国社会科学出版社，2004.

[11] 欧阳国亮.古入声在湘南桂阳土话中的分化[J].桂林师范高等专科学校学报，2012，26（3）：14-18.

[12] 马楠.汉语方言语音变异过程的类型[J].汉语学报，2013（1）：88-93.

第五章 湘粤边界土话与地理类型学研究

一、引言

日本学者桥本万太郎教授在《语言地理类型学》(2008)中提出了一个新理论——语言地理类型学，它的理论基点就是以东亚大陆语言为文化背景，它的目的就是要提出研究语言"纵"的（历史的）与"横"的（地理的）比较有机结合的方法，并且试图建立一个语言"连续体"（cline）。他在这本书中提到了汉语的南北两大来源，把汉语分为南方语和北方语，并在书中阐述南北语言的类型差异。[1] 今天我们就从地理类型学的角度来探讨湘粤边界土话，即湘南土话和粤北土话在地理上表现出来的区域特征，这对解释湘南、粤北边界土话与其他方言之间的关系也有很大的研究价值。

二、湘粤边界土话的复杂多样性

湘粤边界土话指的是湘南、粤北边界地区存在的土话群落，主要是在宜章、永州、清远、韶关等湘粤边界地带的土话群。湖南省永州与郴州分别和广东省的清远与韶关接壤，边界方言复杂多样，具有很高的研究价值，所以在本章中把湘粤边界土话分为两大类进行研究，一类是湘南土话，另一类是粤北土话。

（一）湘南土话概述

湘南土话是一个特定术语，首次出现在《中国语言地图集》(1989)的说明稿上，它指的是湖南郴州和永州两地同时使用西南官话、土话作为沟通语的"双方言"区的有待深入研究的"土话"。其特点是虽与当地的"官话"不同，但是和当地的"官话"作为共同语一起使用，具体表现在人们于日常生活中对内使用土话，对外一般使用官话；在一些家庭内部使用土话，公共区域使用官话。对于湘南土话的研究，可以分为三个阶段：第一个阶段是20世纪30年代以前的"旧籍上的零星记载时期"，这个阶段只有对湘南土话只言片语的记载；第二个阶段是以1935年的《湖南方言调查报告》为标志，到2000年的"现代调查方法的单点调查记录时期"；第三个阶段是以2000年"粤北土话及周边方言国际研讨会"召开为标志，直到现在的"综合性的深入探讨"时期。这三个阶段对湘南土话的研究由浅入深、由表及里，也为我们调查湘南土话提供了很多学术资料。

（二）粤北土话概述

在粤北地区有一部分很难归类的方言土语，当时《中国语言地图集》把它叫作"韶州土话"，后来发现"韶州土话"这个名称不太准确，所以最后决定把粤北地区的土话群统称为"粤北土话"。对于粤北土话的研究，可以分为两个阶段：第一个阶段是历代典籍上零星的记载，在历代的典籍当中，我们还没有发现有关粤北地区汉语方言成系统的记载，但是在历史上能追根溯源到粤北土话与湖南、江西方言之间有着密切的关系；第二个阶段是现代方言学时期的调查研究，用现代方言学的手段调查研究粤北地区的汉语方言，出现了一些有关粤北方言调查研究成果。

（三）湘粤边界土话的方言特点

湘粤边界土话十分复杂且有很多重要特点。

1. 土话品种多

湘粤边界土话加起来有十多种，不仅湘语、赣语、客家语、粤语、闽方言等五大汉语方言齐备，还有当地人说的西南官话和土话，如广东乐昌土话与湖南桂阳土话，这些土话品种大致可以归为四个方言群（系）：一是本地语系（西南官话和土话），二是客家方言，三是湘赣语，四是粤闽语。它们有着各自的流行区域。比如本地语系在这个区域呈点状分布，基本都在双方言区内。从自然分布来看，双方言区往往与一定地域类型相关，如在湘南桂阳县双方言区的地理类型大致可以分为三类：第一类是岛状样的双方言区，就只在黄沙坪、宝山、雷坪这三个有色金属矿区内，人们既说与长沙话类似的"塑料普通话"，也会说本地桂阳的城关话，矿区职工一般都会说两种方言，这就形成了一种岛状方言区；第二类是散点状的双方言区，在桂阳北半县有一些人口较多、交通便利、商贸发达的集镇，居民们本地土话与城关话都说；第三类是片状样的双方言区，主要是指北半县土话区域，这一区域的居民对城关话普遍都能接受，说的人也多。[2] 由此可见，在不同地理类型的双方言区里面由于有不同的方言社会群体存在，所以就产生了各种地理类型的方言区。

2. 方言混沌性强

湘粤边界方言具有一个重要的特点，那就是混沌性强，混沌性强和它的方言接触有关。下面我们来看看湘粤边界方言混沌性强的具体表现。

（1）没有一种方言是单纯的。湘粤边界的方言有的属于客、粤，有的属于客、粤、闽，还有的甚至属于湘、赣、客的混合，这个区分看的是方言中属于客家语的成分多还是粤、闽、湘、赣的成分多，真的很难单一地去判断。这种混沌性既是湘粤边界土话与早期中原汉语相互接触妥协的结果，也是宋元以来湘、赣、客、粤、闽几种汉语方言杂处一地相互竞争、影响的结果。[3] 例如湘粤边界土话中最有代表性的是湘南土话中的永兴方言，有的把它归为客赣方言，有的认为它是湘赣方言，而在《中国语言地图集》中却把它归于赣方言。如果从词汇学的角度归类还可以把它归于湘方言甚至西南官话，为什么它的归类那么不一致？就是因为永兴方言高度的混合性，虽然永兴方言语音类型独特，但可以赖以划分的语音特征又不明显,所以多种方言特征它都具有,才会形成争议,难以定论,这也是湘粤边界土话复杂的原因之一。

(2)方言杂处,相互影响。湘粤边界大部分乡镇多方言杂处,相互影响,且每一种方言内部都有其他方言的影子,无论是湘南地区还是粤北地区都有这种现象,所以在《中国语言地图集》中,把湘粤边界地区确定为西南官话与当地土话并用的双方言区,湘南地区人们对外讲西南官话,对内讲土话;粤北地区人们对内说土话,对外说客家语或粤语。

从混沌学的角度看,湘粤边界土话混沌性强是由语言的复杂接触造成的,具体表现在以下几个方面。

(1)共同语和土话相互影响,如湘南土话区的居民在学习和使用普通话时,受方言接触影响,会带有非常明显的方音,如不分平翘,不分前后鼻音,说话时没有儿化和轻声等等,这就是为什么很多人会把湖南人说的普通话叫作湖南塑普的原因了。

(2)西南官话的影响。

(3)湘赣闽客家语的浸染,客家语对粤北土话的影响更大。

(4)土家苗瑶等少数民族语言的遗留。[4]

由此可见,语言接触对湘粤边界土话的影响是全方位的,在语音、词汇、语法方面都有体现,这里就不多阐述了。语言接触中的这些特点恰好说明了湘粤边界土话混沌性强的特点。

2.西南官话和客语最强势

在湘南地区最强势的语言是西南官话,许多土话都会受到它强大辐射力的影响,很多土话也慢慢消失了;粤北地区的客家方言,跨区域分布最广,说这种土话的人也最多。虽然湘粤边界方言品种多,而且讲本地土话的人也不在少数,但是由于生活沟通的需要,这两个方言就成了一个地域共同语,它的生存周期肯定比其他方言要长,长此以往,很有可能会导致其他较少使用的土话慢慢变少,甚至影响到它们的生存。

三、湘粤边界土话的分布及其地形地貌特点

（一）湘南土话的分布

从地理位置上说，湘南土话可以分为两部分，一个是郴州土话（东部土话），另一个是永州土话（西部土话）。两个土话区分布的共同点呈片状区分布。与郴州土话区相比，永州土话区面积范围更大，且归属更麻烦，但是永州土话区由于受山脉走向的影响，它的土话有明显的南北差异。

1. 郴州土话（东部土话）的分布

郴州土话的分布我们按照语音特点的相似度来划分，可归为以下几点。

（1）使用湘南土话的，主要分布在桂阳、宜章、嘉禾、临武这4个县里面，且在县域内都呈片状分布。

（2）使用西南官话的，主要分布在北湖区与苏仙区的各个地方乡镇，区域内无土话分布，居民们说的都是西南官话，北湖区是官话中心。另外还零星分布在桂阳县春陵江以南的地方，宜章县的上乡片和下乡片等乡镇，资兴市的鲤鱼江镇、东江镇、高马乡一带，永兴县的湘阴渡镇。

（3）使用赣语的，主要分布在资兴、永兴及安仁等地方。

（4）使用客家语的，主要分布在汝城县、桂东县、资兴市、安仁县、宜章县、临武县以及桂阳县的几个地方。

（5）使用湘方言的，这个比较有意思，居民都是因为矿山的成立迁徙而来的，他们的原籍是湘中、湘北一带，他们的方言在当地话的包围之下就形成了一个孤立的"湘方言岛"，仅在矿山区那里流行。

2. 永州土话（西部土话）的分布

永州土话可分为南北两片。北片指的是东安屯、冷水滩、芝山3县区形成的土话区，也可称之为"东冷芝土话片"，这里的土话可分7小片，其中东安4小片，冷水滩2小片，芝山1小片，其归属不明。南片指的是新田、蓝山、宁远、道县、江永、江华6县区形成的土话区，在当地被称为"南六县土话片"，这里的土话可分26小片，其中新田4小片，宁远7小片，蓝山4小片，道县4小片，双牌1小片，江永4小片，江华2小片。南北两片土话的分布也在地理上形成了一个特点：呈相互交织、南北有异的分布趋势。

永州市境内除祁阳县外，其他的10县区都有土话存在，我们将它分成三种：一是官话区，二是官话与土话并存的"双方言区"，三是官话与少数民族语言（主要是瑶语）的"双语区"。在永州，"双方言区"的方言其实是穿插或者散播在官话区和"双语区"之间的，换句话说，不是10个县（市）的所有地区都有土话存在，而是只有一部分，它们相互交织在一起，并且穿插在南北两个大的方言区域。形成这种现象的具体原因有两个：一是从空间上看，两片隔得比较远，没有什么联系；二是南北两片区的音系不同，北片土话较完整地保留了古浊音声母系统，而南片土话则基本上已清化，可以明显辨别出来。[5]这个分布特征恰好对应了永州的地势情况，永州地势南高北低，南部位于湘南中低山区，北部位于湘中丘陵地区，而紫金山、阳明山横跨在中部，阻挡了南北区域交通的发展，因此，这两座山也就把这个地理区域分成了南北两部分。潇水河从山中的低谷经过，它的支流形成南北不同的流向，这个南北分水线也就自然而然地成了永州南六县与北五县区的行政区划线。这种地理分界线，既是行政分界线，又是人们语言沟通交流的分界线，体现了地理环境对语言的自然影响。

（二）粤北土话的分布

按照地区分布，我们可将粤北土话分为三大块。

（1）连州土话，它包括星子话、保安话、连州话、丰阳话、西岸话等。

（2）乐昌土话，它其实是以大瑶山区为间隔，分为南北两片，南片的土话主要分布在南部低丘陵宽谷盆地，分别叫"长来话"和"北乡话"；北片主要分布在西北部、北部丘陵或盆地地带以及北部石灰岩溶蚀山地，西北部说的是"皈塘话"，北部的大部分地区说的是"黄圃话"，西北角三溪镇的大部分地区说的其实是和湖南宜章县的梅田话很接近的"三溪话"。[6]

（3）韶州片的土话，分布在曲江区、武江区、浈江区、仁化县、乐昌市、乳源县等地方。

其中韶州片土话使用人口相对较少，分布比较分散；连州片土话使用人口相对较多，分布比较集中；而乐昌土话则是呈南北分布的。

湘南土话与粤北土话相比，湘南土话的使用人口与分布范围更广更杂，这个现象和地理环境以及历史沿革都有关系。湘粤边界土话在各县（市、区）种类非常多，同一县内说出来的土话，口音可能完全不同，少则两种，多则往往在四种以上，基本上都是片状分布，可见其复杂性。另外两地的土话分布有些地区呈现明显的南北分布，这是由湘粤边界的地理环境决定的。[7]

（三）湘粤边界土话分布的地形地貌特点——土话的相对独立性

湘南地区是湘江与北江之间的分水岭，发源于湘南最南端宜章、临武的乐水和武水，向南流入广东韶关地区，汇入北江。桂阳、新田、嘉禾及蓝山中北部，西高东低，其主要河流都是湘江支流舂陵水、耒水的支流，同时湘江主要支流潇水发源于湘南西部的蓝山南部，流经道县、江永、江华，向北在芝山注入湘水。此地水路可向北通行，而陆路则主要是向西或西南（广西桂林、贺州地区）敞开，为土话的发展提供了便利的地理环境。[8]

粤北地区有"八山一水一分田"之称，因为它处于南岭山脉地带，总体地势北高南低，山地丘陵占地总面积八成以上。粤北地区的地形地貌比较复杂，有石灰岩溶蚀山地、南雄盆地、连州盆地、丹霞地貌，地形比湘南地区复杂。粤北地区的大小江河都属于珠江水系，其中支流浈江和武江在韶关市区汇合成北江，北江是珠江的三大支流之一，这样，韶关自然就成为粤北地区水路交通的枢纽。因为外地移民顺流而下，方言接触比较多，所以韶关土话较其他方言更复杂。

湘粤边界处被南岭隔开，南岭在古代被称为"五岭"，自东向西第一岭是大庾岭，第二岭是骑田岭，第三岭是萌渚岭，第四岭是都庞岭，第五岭是越城岭。南岭把长江水系与珠江水系分开了，是粤北地区与湘南地区的一道天然屏障，也是岭南文化与中原文化的一条天然分界线。古代时北方人南下进入粤北地区，首先要翻越南岭，然后到达粤北，紧接着沿江顺流而下才能够进入岭南地区。从这里也能够看出湘粤边界土话发展的一个历史轨迹，在过去交通线路和工具都不发达的时代，人口迁移对湘南东西部地区以及到粤北之间交往的影响都是不言而喻的。由北向南的方言会随着不同的湘江支流进入粤北地区，影响粤北地区土话形成如今复杂的局面；由东向西的客赣方言则需要跨越不同的水系和险峻的分水岭到达粤北地区，这样的地理环境影响了该地区底层方言的形成，也影响了其他方言的进入和在这一地区的分布格局，同时也造成了湘粤边界土话的复杂多样性。[9]

除开地理环境，历代移民也是湘粤边界土话形成的重要原因之一，二者相互影响。东汉以来，湘粤地区的移民主要是与中国历史上几次大规模的南下移民潮有关系：第一次发生在两晋南北朝时期，但是移民主要去的地方不是湘粤地区；第二次发生在"安史之乱"后，有大量移民进入湘粤地区；第三次发生在宋代靖康之乱后，其中，南宋绍兴至嘉定年间约半个多世纪的时间内，有一个集中迁入湘粤地区的移民高潮；此外，还有一次政府主导的"明初大移民"，是江西移民进入湘粤地区移民的鼎盛期。因为这次移民造成大量中国北方汉族人进入湘粤地区，从而导致了南方几个大方言的形成。第一次从山西一带来的移民影响了湘语的形式，第二次从河南一带来的移民影响了赣语和客家方言的形式，而南岭土话的形式，就是第三次移民"江西填湖广"的结果。可见，中国历史上几次大的移民潮影响了湘粤边界土话的形成和发展以及分布格局。同时因为历史行政的划分以及湘南地区的开发发展，这些移民也会随着山脉以及水系南下，进入湘粤地区，居住在山间小盆地和河边的坝上，从此定居下来，也就把自己的语言带到这些地方了，所以可以说是特殊的地理环境和历史沿革造成了湘粤边界土话的复杂多样性。从地理的角度来说，这种影响的态势体现在：西南官话自北而南，逐渐减弱；从东北往西南，赣语特点越来越弱，湘语特点越来越强，方言越来越复杂；从南到北，粤语特点越来越弱，湘语特点越来越强；客家方言特点从北到南越来越强。[10]

　　正是由于特殊的地理环境，处于边界地方，受历史移民以及方言接触等的影响，造成了湘粤边界土话的另一个特点——相对独立性。它既有利又有弊，首先，它的优点在于相对稳定。因为地处边界，山脉纵横，水系发达，不便出行，所以湘粤边界土话本身内在体系形成后的演变速度较慢，受外界冲击较小，保留时间长，与外界交流沟通不多。我们也可以从湘粤边界土话的分布看到这一点。湘粤边界土话复杂多样，一村或是一乡，口音都有区别，并没有被同化或者取代，这说明土话在特定的人群以及村落使用并且能够被传承下去，并且处于山脉地带的村落中的土话比处在水系地带的村落土话更加的古老以及相对独立，这是由地理环境决定的，既能够体现它存在的价值，又是对它最自然以及最有效的保护。其次，湘粤边界土话对于我们来说也是一种历史资源，具有很大的研究价值。但是因为地理环境等原因，湘粤边界土话与外界交流比较少，传播途径少，甚至不同村落之间的土话没有办法交流，语言沟通满足不了人们生活的需要，所以，以往的土话也只能在本来的区域盛行，既得不到发展，又要面临区域共同语的冲击导致它的消亡，这是很可悲的，比如在粤北地区很多年轻人不说土话转而使用客家话和粤语了。我们也可以从刚才的叙述中能够发现，湘粤边界土话的形成和发展与它所在的地理环境有很大的关系。

（四）湘粤边界土话地理环境影响的具体表现

上面我们谈的是地理环境对整个湘粤边界土话大的影响态势，这里主要阐述地理环境对湘粤边界土话影响的具体表现。首先，从湘粤边界土话的古浊上今读来看，它分为很多种类型，古浊上今读层次出现最早的是江永型，然后从赣中、赣南地区一直延伸到湘南、粤北地区；而资兴型以赣南地区为中心，扩散到湘东南部、闽西北，粤北地区也有零星发现；安仁型主要分布在湘南、粤北和桂北地区；岚角山型主要见于湘南、闽西北、粤北和桂北地区，唯独江西暂时未见。[11]由此可以推断出，赣中、赣南、湘南、闽西北、粤北和桂北地区土话的古浊上今读表现出了比较明显的一致性，这个一致性可以从地理环境上解释，因为它们彼此毗邻，地理位置较近，所以影响的区域都是在一块的。不过，上述各种土话类型都没有构成一个完整的区域，而是时断时续的，由此可见，赣语随移民进入湘语区后对湘语产生的影响力还不足以撼动湘语的地位。同时我们也发现，湘南永州、郴州地处南岭山脉地带，可能是由于高山造成的地理位置相对闭塞，这些方言点受外地方言影响相对较小，古浊上仍读阳上。但河流却加速了湘南方言古浊上的演变，同时也对粤北地区的土话古浊上的演变有影响。在粤北地区，讲闽语的乡镇和村落差不多都分布在沿江和沿海的阶地、平原以及河海交汇的地带，而且都是客家人说闽语，这就说明客家人几乎都定居在山区地带，彰显了一个"客山闽水"的语言地理类型学特征。[12] 历史上由于各种原因进入湘粤地区的北方移民沿着湘江流域和沅水、澧水流域不断南下，河流带来的便利交通，使北方移民的方言对湘粤边界土话古浊上今读的地理分布产生了一定的影响。这就是山脉和水系对湘粤边界土话古浊上今读影响的具体表现。

四、结语

湘粤边界土话的演变受诸多因素的影响，最主要的是历史移民、地理环境和语言接触三大因素。

本章从地理类型学的角度来研究湘粤边界土话，体现出湘粤边界土话的两个特点：第一个是它的复杂多样性，第二个是它的相对独立性。不管是从语音、词汇还是句法来说，二者都是一脉相承的关系，求同存异。所以湘南土话与粤北土话是双方的继承和交融，主要体现在：湘南片是西南官话在湘南地区的突出嵌入地带，粤北片是客家语言在粤北地区的相连成片地带，北面是湘方言，东面是客赣方言，南面越过五岭就是粤方言地区，影响态势是自北向南，自东向西的。

对于现代社会来说，湘粤边界土话的沟通和交流也只在部分地区和人民间进行，虽然处在边界地区，但是它依然受到了冲击。在湘粤边界地区，有两个共同语在影响着湘粤边界土话的变化，一是民族共同语即普通话的影响，二是作为区域共同语的客家话和西南官话的影响，且后者比前者的影响更加紧密和直接。所以对于湘粤边界土话的继承和发展就更难了，而且对于湘粤边界土话的研究和定性少之又少，因此，它的研究价值可想而知。正是因为湘粤边界土话的复杂多样性，才使人们看到了它的宝贵性。湘粤边界土话是一个多方的、经过时间累积的产物，我们应该要寻求多种方式对它进行保护。

本章参考文献：

[1] 桥本万太郎.语言地理类型学[M].余志鸿译.北京：世界图书出版公司，2008.

[2] 鲍厚星.湘南土话论丛[M].长沙：湖南师范大学出版社，2004.

[3] 林伦伦，潘家懿.粤东西区的闽语岛链和板块：粤东闽语播迁的地理类型学特征[J].暨南学报（哲学社会科学版），2011，33（3）：137-144.

[4] 罗昕如.湘南土话中的底层语言现象[J].民族语文，2004（1）：20-25.

[5] 林春雨，甘于恩.粤东闽语声调的地理类型学研究[J].学术研究，2016（5）：160-165.

[6] 庄初升.粤北土话的音韵研究[M].北京：中国社会科学出版社，2004.

[7] 潘悟云.语言接触与汉语南方方言的形成[J].语言接触论集，2004：178-201.

[8] 李如龙.论汉语方言的类型学研究[J].暨南学报（哲学社会科学版），1996（4）：91-99.

[9] 龚群虎.南方汉语古越语底层问题新探[J].民族语文，2001（3）：69-72.

[10] 马重奇.闽台闽南方言韵书比较研究[M].北京：中国社会科学出版社，2008.

[11] 鲁国尧.鲁国尧语言学论文集[M].南京：江苏教育出版社，2003.

[12] 伍巍.方言研究集稿[M].广州：暨南大学出版社，2010.

第六章　湘粤边界土话的类型学研究

第六章 湘粤边界土话的类型学研究

一、引言

　　湘粤边界土话内部复杂多样，又缺乏大量的研究题材，但中华民族传统文化是不能被淹没的，很多学者还是站在研究土话的前沿，希望以此来号召更多的人加入土话的研究中来。湘粤土话中掺杂着非本土语言，要想从中概括出湘粤土话的类型学特征是非常困难的，因此确定划定标准也有很大的难度。本章有两个重点：一是湘粤土话的分布和使用人口，这部分会展开来讲，由于湘南粤北的方言点众多且杂乱，所以本章就从湘南与粤北各取两个有代表性的方言点展开研究。湘南选择了永州和郴州，粤北选择了连州片和韶州片，对此，著者都会详细地分析到具体的各个乡镇。二是湘粤土话的声韵调类型分析。声韵调的范围太大，本章就各点只取一方面进行研究，分别是古全浊声母的今读、流摄与效摄的合流、调数和调类分析。湘粤土话的研究现状和土话形成的复杂原因在本章内也有讲述，希望本章在方言土话的研究方面做出一点努力，可以帮助到未来的土话研究工作。

二、湘粤边界土话的历史演变

　　湖南省永州与郴州分别和广东省的清远与韶关接壤，边界方言复杂。本章研究对象为散布在湘南、粤北边界地区的土话群落。总结人们对于湘粤土话的关注和研究的历史，大致可以分为四个阶段：

（一）20世纪30年代以前的"旧籍上有零星记载的时期"

　　有关于湘南土话的研究，最早在清道光八年（1828年）修撰的《永州府志》中记有方言词若干。对湘南土话的今音与古音进行对照研究的最早记载是清道光二十六年（1846年）修撰的《永明县志》，还有清同治九年（1870年）修撰《江华县志》和民国二十二年（1933年）修撰《蓝山县图志》中都谈到古音与今音的语音分歧。[1]

关于粤北土话的研究，在这个阶段还没有发现成系统的记载，只有罕见的零星记载。西汉杨雄写的《方言》中就有"南楚湘江之间"这样的地理概念。清代阮元的《广东通志》说明了粤北与湘南方言自古以来就有相连的关系。晚清以来，尤其是民国时期，零散记载粤北土话的文献如下：《仁化县志》《清远县志》《连县志》。[2]

（二）20世纪30年代中期至80年代的"肇始阶段"

赵元任先生是最早关注湘南土话的语言学家。1935年，他成立了一个方言调查小组，对湖南七十五个县的当地方言进行了调查，此后，此次调查的所有材料被整理为《湖南方言调查报告》，在中央研究院历史语言研究所打印发行。[1] 1960年《湖南省汉语方言普查总结报告》书中指出这个区域是双重方言区，即同时存在对内土话和对外交际用语。

在这个阶段粤北土话的研究材料相对较少。鸦片战争之后，西方传教士在中国东南沿海地区传播基督教福音，就是用粤北土话编写的迄今为止我们所知道的粤北地区唯一的一本方言《圣经》。[2] 有关粤北土话的研究还需要进一步调查取证，但受当时的社会条件限制，人们的思想觉悟也不够，因而当时在研究粤北土话方面有非常大的困难。

（三）20世纪80年代末至90年代末的单点调查记录时期

20世纪80年代以后，湘南土话渐渐被学者们关注。陆续有鲍厚星《东安土话研究》、卢小群《嘉禾土话研究》等有关湘南土话的研究成果出现。[1] 这一阶段主要是以单点研究为主，也有少数的语音专题研究，这是方言研究的基础。这一阶段有关湘南土话音系的研究在《方言》杂志上发表的论文有十余篇。

使用现代调查方法研究粤北土话的第一人是我国现代语言学的奠基人赵元任先生，但黄家教、郑张尚芳、万波、庄初升等学者对粤北土话也有所研究。同时，每个学者涉及的方言点不同，有的深入研究，有的仅仅涉及某一个很小的方言点的研究。其中，在1987年，郑张尚芳所作《广东省韶州土话简介》（韶州土话即粤北土话）一书对土话进行了地域性分类[2]，对后来的研究具有非常大的启发性意义。这一阶段的单点调查为接下来的综合性探讨进行了铺垫。

（四）21世纪初至今的全面深入综合性探讨时期

对于湘粤土话的内部分类和方言归属问题的研究开启了湘粤边界土话的综合性探讨时期。王本瑛的《湘南土话之比较研究》是一部综合研究湘南土话的著作。牟廷烈所著的《粤北土话和湘南土话的音韵比较研究》是第一次在音韵方面对湘粤土话进行比较研究。庄初升所著的《粤北土话音韵研究》对语言事实进行了比较调查，归纳类型，是比较系统完整的方言研究著作。[1]除了这些著作，后续的方言国际研讨会让更多的学者把注意力放在方言研究上来，这是方言研究取得重大进步的前提。

2000年9月，《乐昌土话研究》在厦门大学出版社出版，由庄初升、林立芳、伍巍和万波合著，此书是"粤北土话研究丛书之一"（张双庆主编），也是迄今为止第一部研究粤北土话的专著。[2]其实粤北土话区是双方言区，对内说土话，对外人说客家话或粤语，这样一种交际模式与湘南土话有相同之处，这是在研究语言方面非常有趣的现象。

总而言之，湘粤边界的土话研究还需进一步加大力度。如今对湘粤边界土话的研究过于以微观研究为主，因此我们要进行宏观研究，从类型学角度研究湘粤土话两者之间的关系，对以往有意义的研究材料进行归类整理。不管是对于地理类型学还是语言类型学方面的研究来说，把湘粤边界的土话研究按照类型进行整理就是非常重要的一步。现在很多学者对于湘粤土话的看法不一，但当我们对其进行归类整理后，或许会有新的发现。

三、湘粤边界土话的分布和使用人口

（一）湘南土话的分布和使用人口

湘南土话使用的地域面积约4.24万平方公里，使用总人口有1000多万人。[3] 就地理位置而言，湘南土话可大致分为郴州土话和永州土话。而由于郴州和永州正好把湖南南部分成了东西两部分，所以二者又分别称为东部土话和西部土话。下面将一一介绍各区域内的土话使用分布情况。

1. 郴州土话的分布和使用人口

郴州土话主要分布在以下几个县中：

桂阳县：桂阳县中只有城关片使用西南官话，其余地方对内使用土话，对外使用西南官话，桂阳县土话使用人口有40多万。嘉禾县：嘉禾县土话使用人口有34万。临武县：临武县土话使用人口28万。宜章县：宜章县土话使用人口有40万。[3] 以上的四个县是主要使用土话的县城，另外资兴县、汝城县和桂东县也有土话流行。

2. 永州土话的分布和使用人口

永州土话分布区域比较大，主要区域如下：

永州市：永州市内并不是所有乡镇全部说土话，其中冷水滩北部的15个村约有17000人说土话，南部的21个村有15000人说土话，以岚角山镇土话最典型，使用的人数也最多。东安县：东安土话使用人口约有35万。双牌县：双牌县的土话使用人口有20000多，因地靠道县，所以其使用的土话主要是"道县土话"。道县：道县土话使用人口有 40 多万。江华县：江华县的土话使用人数较少，大约 15000。江永县：江永县土话的使用人数约 23 万。新田县：新田县土话的使用人数约有 20 万。宁远县：宁远县的平话、土话使用人数约 30 万。宁远县境内有东路平话、西路平话、南路平话、北路平话，除此之外还有一些自成系统的土话，大多是以姓氏为单位命名，如有张家土话、贺家土话、刘家土话等，体现了湖南土话因移民而形成的一家一村的土话特色。蓝山县：蓝山县土话使用人数约 18 万。[3]

湘南土话目前的分类归纳并不是特别详尽，以现在的水平，我们还可以更进一步对地区式的土话进行分类、归纳，或许还会有新的土话未曾发掘出来，在本章主要是归纳整理前人的研究成果，如果有机会，著者下次会前往更深处的地区进行调查取证。

（二）粤北土话的分布和使用人口

"韶州土话"即学术界的"粤北土话"。庄初升根据语音标准把方言分为三片：雄州片、韶州片和连州片。[4] 粤北土话使用人口共计约 43.24 万，其中各类土话主要是以地名称呼的。下面详细介绍一下粤北土话的分布和使用人口。有学者称雄州片方言属于客家话，所以本章不介绍雄州片土话，主要介绍连州片土话和韶州片土话。

1. 连州片土话的分布和使用人口

星子话：星子话的使用人口约 12 万。星子话的内部差异不大，是连州片土话中使用范围最广，使用人数最多的土话。

保安话：保安话使用人口约 3 万。保安话的使用人口主要分布在连州市的保安和龙坪等乡镇，与星子话最为接近。

连州话：连州话又称为"附城话"，使用人口大约 4 万。连州话曾是连州的主要方言，但如今，连州方言已经转变成以广州话为主了。

丰阳话：丰阳话的使用人口约 5 万。当地人称之为"细蛮声"。

西岸话：西岸话的使用人数约 3 万。当地人称之为"大蛮声"。西岸话与丰阳话最接近。

连州片除了以上区域，在乐昌北部也有土话的使用，分为三类：畈塘话、黄圃话和三溪话，总共的使用人口约 3 万。[4]

2. 韶州片土话的分布和使用人口

李冬香、庄初升称以韶关市为中心分布的土话为"韶关土话"，但其实前文说过，土话的命名基本上是以地名为主的。如曲江话、武江话、浈江话、仁化话、乐昌话、乳源话。韶州片土话使用总人口约 13.24 万。[4]

连州片和韶州片的土话分布和使用人口已经介绍完毕，下面以图的形式介绍一下粤北土话的分布情况（图 6-1）。

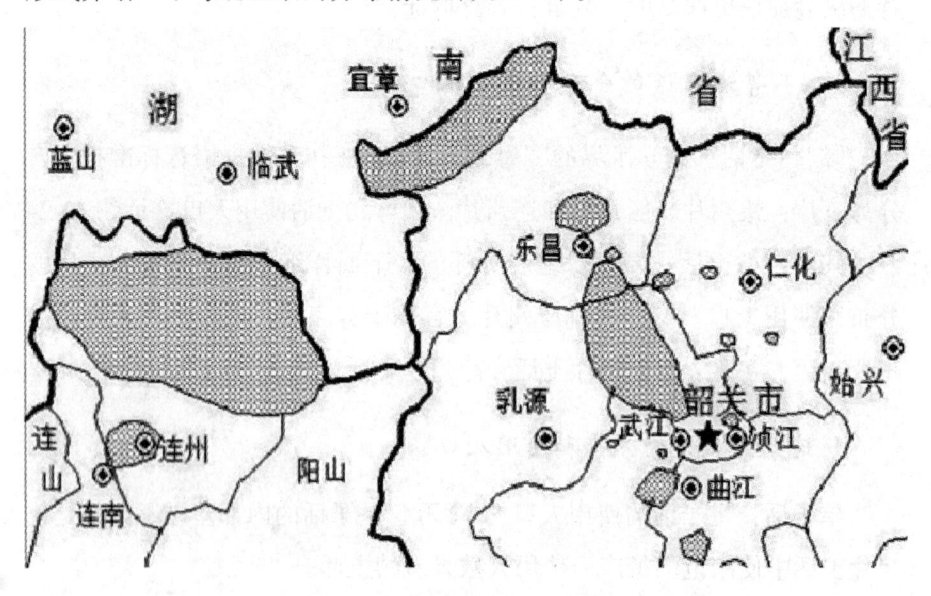

图 6-1 粤北土话的分布情况

资料来源：李冬香. 粤北土话的分布和使用人口 [J]. 桂林师范高等专科学校学报，2012.

由以上列举可以看出，韶州片土话的使用人口相对较少，连州片土话的使用人口相对较多。现在韶州土话大多已经处于濒危状态了，很多年轻人不再说土话，改说粤语。其实不光韶州土话是这样，全国很多地方都有这种现象。很多家庭在孩子一出生便教导其说普通话，甚至还教其说各种外语，这种行为并不是错误的，但是土语毕竟是只有中国人才会说的话语，如果我们自己都不愿意学习我们自己独有的语言，那么我们伟大的中华文明又有谁能传承下去呢？连传承都困难，更不必说取其精华、去其糟粕了。

四、湘粤边界土话的声、韵、调类型研究

湘粤土话的语音语调极其复杂，当地人都说湘粤方言"十里不同音"，还有人说竟然听不懂邻村说的是什么，甚至在一个村中，仅一山之隔，说话也不太一样。这都是因为湘粤方言中的声、韵、调太复杂了。粤北土话就有24个方言点，声母数最少的有16个，最多的达到22个，这两个数字足以证明"十里不同音"这句话了。下面就土话的声、韵、调的某一点进行分类研究。

（一）古全浊声母今读类型

在"声"的这部分主要是研究古全浊声母的特点，这是湘粤土话研究的热点。中古汉语中的古全浊声母主要有：并母、定母、澄母、从母、邪母、船母、禅母、崇母、群母、匣母。这些声母在今天的湘粤边界方言中已经清化了，这里主要是针对古全浊声母今读进行了分类，类型有：清化后读塞音、塞擦音送气与否和是否以声纽、声调为条件进行了分类。

首先就湘粤两地的古全浊声母特点进行了相同点分类，李冬香的观点如下：

1. 古全浊声母今读塞音、塞擦音时送气与否，以声纽为条件时，分为两类：

（1）並母、定母、奉母今读不送气，澄母和其他古全浊声母今读送气。如嘉禾广发、乐昌市北部和连州市等地的土话。

（2）並母、定母、群母不论平仄，今读不送气清音，从、崇、群、澄母不论平仄，今读送气清音或清擦音。如道县寿雁、江华寨山等地的土话。[5]

2. 古全浊声母今读塞音、塞擦音时送气与否，以声调和声纽为条件，还可以分为两类：

（1）並母、定母、澄母一般读不送气，但常用上声字读送气，澄母和其他古全浊声母也读送气。如湘南土话中的桂阳土话，粤北土话中的曲江县西部土话等。

（2）並母、定母、澄母一般读不送气，其他平声多读送气，仄声多数不送气，但全浊上今读上声送气。如灵川县平话。[5]

李冬香所想的这一特点与王福堂的观点是一致的，即古全浊声母清化后塞音、塞擦音大多不送气。[6]

本章就並母、定母不送气，其他声母送气的原因进行讲述。很多的学者对此也进行了不同想法的探讨，有学者认为这是受侗族语言的影响，有的认为这是受瑶族语言的影响，还有的认为这种现象是语言自身的一种演变。[7]但著者认为这是语言发展自然而然相互结合的体现。除此之外，著者认为移民问题也是主要原因。在历史上有三次大规模的移民，江西部分地区的人民在不同历史时期分三次向湘南移民。随着历史演进，人们的语言也在变化，再加上移民带来了新的不同的元素，对湘南粤北当地的不同语言又进行了改变，这就是现在"十里不同音"的重要原因。

上面讨论了湘粤土话古全浊声母相同之处，下面讨论不同之处，主要是粤北地区的特点。粤北土话的古全浊声母读塞音、塞擦音送气与否还分了两类：①以声调为条件，遇平声读不送气清音，遇仄声读送气清音，如粤北南雄市西部的土话。②不以声调和声纽为条件，不论平仄都读送气清音，如粤北东北部和中南部的部分地区。[8] 但是粤北南雄市的读音特点与前面相反，同样是不以声调和声纽为条件，但在此地土话中不论平仄都读不送气清音。[7]

对于古全浊声母今读的发音类型的整理目前还不是特别完善，希望本章会对此有所帮助。湘粤土话复杂难懂，在弄明白土话之前要先弄明白每个声母的发音，就像学说普通话之前要学习拼音的声母和韵母一样。土话因其历史性和社会性而太过复杂，没有统一的语言规则，学起来、听起来十分困难，但这也不能磨灭人们继续探索和学习的精神，弘扬中华民族自强不息、勤奋好学的精神，完全可以体现在对古全浊声母的研究上。

（二）流摄与效摄的合流

湘粤土话中的各摄具备各自的语音发音特点，本章就流摄和效摄的合流现象进行类型探讨。流摄包括候（ghu）、尤（iu）、幽（qu）三个韵，候（u）是一等韵，尤（iu）和幽（y）是三等韵。而效摄包括豪（ghau）、肴（ghrau）、宵（sieu）、萧（seu）四个韵，这四个韵分别在四个等里，豪（au）是一等韵，肴（rau）是二等韵，宵（ieu）是三等韵，萧（eu）是四等韵。其实流摄与效摄的合流是湘南土话和粤北土话的共同点，但粤北土话中大部分流摄和效摄是分立的，只有几个地方有合流，但也并不是全部的韵，只是部分韵相混，而且相混非常复杂，下面将进行详细说明。

在粤北，有 8 个方言点是有流摄、效摄合流的现象的，请看表 6-1。

表 6-1　粤北方言点的流摄与效摄合流的现象

方言点	效摄	流摄
上窑	笑 siu 摇 jiu 料 liu	九 kiu 牛 ŋiu 油 jiu
石陂	脑 nau 袄 au 包 pau	周 tʃau 寿 ʃau 九 kiau
三溪	帽 mæ 高 kæ 袄 æ	楼 læ 钩 kæ 呕 æ
星子	燎 lieu 小 sieu 料 lieu	酒 tsieu 周 tʃieu 九 kieu
连州	焦 tsiAu 饶 iAu 料 liAu	楼 lAu 猴 hAu 呕 Au
西岸	燎 lieu 桥 kieu 摇 ieu	酒 tsieu 周 tʃieu 牛 ŋieu
丰阳	脑 nou 到 tou 袄 ou	呕 ou 猴 hou 够 kou
三江	燎 liau 桥 kiau 摇 iau	楼 lau 猴 hau 呕 au

由上述例字可见，上窑和西岸的宵、萧与尤、幽相混，石陂的豪、肴与尤、幽相混，三溪的豪与候相混，连州和三江的候与尤相混，丰阳的豪、候相混[2]，合流的形式多种多样，这只是粤北土话中的 8 个方言点的少数词语，其他词语之间的相混可能会有很多形式也未可知。

流摄与效摄合流是湘南粤北土话的共同点，这里的湘南土话以江永土话和道县土话为代表，请看表 6-2。

表 6-2　湘南土话的流摄与效摄合流现象

湘南土话代表	效摄	流摄
江永土话	流 liou 周 ɕiou	久 tɕiou 仇 ɕiou
道县土话	求 tɕiɯ 消 ɕiɯ	照 tɕi 由 iɯ

（三）湘南土话的调数及调类

湘南土话的调型分为 4 调型、5 调型、6 调型、7 调型，具体调数如下：江永7个、道县小甲7个、东安6个、宁远东路5个、宜章赤石5个、蓝山太平5个、宜章大地岭6个、道县寿雁6个、冷水滩岚角山5个、江华寨山（梧州）6个、遂宁关峡6个、新田南乡5个、桂阳流峰4个、桂阳洋市6个、桂阳敖泉6个、嘉禾广发7个、江华粟米塘5个、双牌江村6个、资兴南乡5个、嘉禾坦平6个。4调型仅涉及桂阳流峰一个点，这种较为简单的音调系统与官话的密切接触有关，7调型颇多：江永、道县小甲、嘉禾广发均是，与当地方言的高复杂程度相关联。主流声调数为5个到6个，有7个代表点是5调型，有9个代表点是6调型，这与湘语的格局相似。

1. 湘南土话的调型与调值

江永、道县小甲、嘉禾广发都是7调型：阴平、阳平、阴上、阳上、阴去、阳去、入声。下面是它们的调值对照情况。

江永（黄雪贞，1993）：

调型	调值	例字
阴平	44	高低猪开初天三飞多花单灯
阳平	42	穷才平寒神人龙娘齐头门虫
阴上	35	古纸走短口丑草休手死粉碗
阳上	13	五女老暖近坐淡柱社马舅买
阴去	21	盖帐变唱菜世送放带去半扇
阳去	33	病树谢让慢共六杂读白麦药
入声	5	急竹出七锡黑割百缺尺歇发

道县小甲（周先义，1994）：

调型	调值	例字
阴平	24	猪低边开天粗偏三飞伤疤
阳平	45	穷陈寒神人龙才平扶麻鹅

阴上	44	比古纸走短口草体手死粉
阳上	5	五女近坐社马抱买老淡柱
阴去	53	盖帐唱菜送放世对剎救正
阳去	33	阵大害树让帽月六读白合
入声	213	急笔出七锡黑割百缺尺歇

嘉禾广发（卢小群，2002）：

调型	调值	例字
阴平	24	高舒纱鸭押粥
阳平	11	唐琴前雷梨桃
阴上	35	好彩饱早走胆
阳上	33	五老九匹七质
阴去	55	正拜向百拆吓
阳去	51	大面梦昨嚼白
入声	22	月墨辣直不木

从上述例子可以看出 7 调型都是遵循平分阴阳、上分阴阳、去分阴阳、保留入声的声调演变规律，这和普通话的演变规律迥异。调值差别很大，同样是入声，江永基本上保留了古入声收音急促的特点，嘉禾广发入声发音变得舒缓，而道县小甲变异最大，变成的曲折调，完全失去了古音的特点。

6 调型：

东安　　　　阴平 33　阳平 13　上声 55　阴去 35　阳去 24　入声 42

宜章大地岭　阴平 33　阳平 13　上声 35　阴去 51　阳去 11　入声 55

道县寿雁　　阴平 43　阳平 11　上声 33　阴去 31　阳去 51　入声 24

江华寨山　　阴平 51　阳平 121　阴上 33　阳上 25　阴去 523　阳去 13

桂阳洋市　　阴平 35　阳平 11　上声 55　阴去 24　阳去 22　入声 53

桂阳敖泉　　阴平 33　阳平 12　上声 53　阴去 35　阳去 213　入声 21

双牌江村　　　阴平42　阳平214　阴上45　阳上13　去声33　入声24

嘉禾坦平　　　阴平13　阳平21　阴上24　阳上33　阴去55　阳去51

遂宁关峡　　　阴平44　阳平11　上声53　去声33　阴入13　阳入213

6调型方言多保留入声，只有嘉禾坦平与江华寨山的入声受官话的影响分化较早，不复存在。从调类上看，阴平、阳平、上声、阴去、阳去、入声是主流，东安、宜章大地岭、道县寿雁、桂阳洋市、桂阳敖泉均是这一格局。上声分阴阳的有江华寨山、双牌江村、嘉禾坦平。遂宁关峡有些特别，入声分为阴入、阳入，这在全国方言中都很少见，可能是入声消失的前兆，值得我们注意。

5调型：

宁远东路　　　　阴平435　阳平213　上声33　阴去53　阳去21

宜章赤石　　　　阴平13　阳平44　上声53　去声21　入声33

蓝山太平　　　　阴平13　阳平21　上声35　阴去33　阳去53

冷水滩岚角山　　阴平33　阳平11　上声35　去声13　入声53

新田南乡　　　　阴平35　阳平13　上声55　阴去33　阳去21

江华粟米塘　　　阴平35　阳平42　上声31　阴去33　阳去13

资兴南乡　　　　阴平24　阳平55　上声31　去声213　入声33

5调型的土话只有两种格局，非常齐整：①阴平、阳平、上声、去声、入声，宜章赤石、冷水滩岚角山、资兴南乡皆是；②阴平、阳平、上声、阴去、阳去，宁远东路、蓝山太平、新田南乡、江华粟米塘皆是。或保留入声，或去分阴阳。

4调型：

桂阳流峰　　　阴平33　阳平13　上声42　去声45

4调型土话只有桂阳流峰一地，其调类与普通话毫无二致，这与其地理位置有关：桂阳靠近郴州，人员流动较大，深受西南官话的浸淫。

从调类上看，湘南土话很多点仍保留了较为完整的入声，和当地官话有很大的区别,调类也较官话复杂,靠近官话区的土话调类简单,远离官话区的土话调类更为复杂。地理环境对方言特点的形成起到的作用很明显。

2. 湘南土话的调值类型

调值是调类的实际读法,又称调型,是调类升降缓急的具体体现,一般用五度制来标识,有平调、降调、升调、曲折调数种。湘南土话的20个代表点语音调值类型分布情况如下:

平调的分布情况。平调在湘南土话的20个代表点语音中都有分布,一个平调的土话,包括江华寨山、桂阳敖泉、双牌江村、宁远东路、蓝山太平、江华粟米塘、桂阳流峰七个点。二个平调的有江永、东安、道县寿雁、嘉禾坦平、宜章赤石、冷水滩岚角山、新田南乡、资兴南乡八个点。三个平调的有道县小甲(其地阳上的调值较短促,我们处理为平调型)、宜章大地岭、桂阳洋市、遂宁关峡四个点。最多有四个平调,如嘉禾广发。湘南土话平调以一平调、二平调居多,三平调的不多,较为极端的是嘉禾广发的四平调,这在声调语言中都很罕见,值得我们关注。

降调的分布情况。在湘南土话的20个代表点中,一个降调的类型最多有13个代表点;二降型的有江永、桂阳敖泉、嘉禾坦平、宁远东路、宜章赤石、蓝山太平等6个代表点;三降型的很少,仅见于道县寿雁一个点。

升调的分布情况。二升型的有江永、道县小甲、嘉禾广发、东安、江华寨山、双牌江村、嘉禾坦平、蓝山太平、冷水滩岚角山、新田南乡、江华粟米塘、桂阳流峰12个点,其他都是一升型的,三升型的土话点没有发现。

曲折调的分布情况。曲折调分布情况不均,有的点有,有的点无。无曲折调的土话点:东安、宜章大地岭、江永、嘉禾广发、道县寿雁、桂阳洋市、嘉禾坦平、宜章赤石、蓝山太平、冷水滩岚角山、新田南乡、江华粟米塘、桂阳流峰，共13个点，占所有代表点的65%。有曲折调的土话点中，一曲型的有道县小甲、桂阳敖泉、双牌江村、遂宁关峡、资兴南乡五个土话代表点；二曲型的有江华寨山、宁远东路两个土话代表点；占所有代表点的35%。无曲折调的情况最多，这和湘语的情况较为一致。

3.湘南土话声调情况的综合考察

下面我们综合湘南土话的整个声调面貌，包括调类、调型、调值，考察其具体配备情况。

我们发现湘南土话的调类、调型、调值配备具有如下特点：

阴平为升调或平调的土话最多。升调型阴平有道县小甲、嘉禾广发、桂阳洋市、嘉禾坦平、宜章赤石、蓝山太平、新田南乡、江华粟米塘、资兴南乡，多为低升调或中升调；平调型阴平有江永、东安、宜章大地岭、桂阳敖泉、遂宁关峡、冷水滩岚角山、桂阳流峰，中平调的方言最多调值为33，其次为44，高平调55的没有发现。

阳平的情况很复杂，平调的有7种，多为低平调，调值为11；升调有6种，多为低升调；降调有4种，为低降调，调值多为21；曲折调有3种。

上声分阴阳的土话有江永、道县小甲、嘉禾广发、江华寨山、双牌江村、嘉禾坦平，占土话点的30%，为平调、升调、降调，无曲折调。上声调型中平调最多，为中平或高平调。

去声分阴阳的土话点有江永等14个，占比70%；阴去多为中平调或降调，阳去多为平调。去声不分阴阳的土话只有双牌江村、遂宁关峡、宜章赤石、冷水滩岚角山、资兴南乡、桂阳流峰6个点，占比30%；阳去、阴去均多为降调。

大面积地保留入声，总共有13种，占比65%；遂宁关峡的入声分阴阳。入声多为降调或平调，个别是曲折调、升调。

总之，湘南土话的声调情况很复杂，上声多不分阴阳、去声多分阴阳，并大范围地保留了入声；调型中平调最多，各个调类中均占有一定数量，侧面反映了湘南土话的复杂性。

（四）湘粤边界土话调数与调类类型的综合分析

湘语的声调数量为5～8个。5个调类的主要在湘中部、西南部；6个调类的主要在长株潭和衡阳；7个调类的在永江县；8个调类的在岳阳（实则有5个，其中有两个入声调和24调是条件变体）。[9] 5调和6调是湘语调数的主流。湘语的调类有9个：阴平、阳平、阴上、阳上、阴去、阳去、次阴去、阴入、阳入。常用的有阴平、阳平、阴上、阴去、阳去、阴入。

粤北土话的声调数量也是5～8个。5个调类的集中在东北部和西北部；6个调类的在西部和东部零散分布；7个调类的在中南部；8个调类的只有三江一个。[2] 湘南土话和粤北土话在声调方面至今还没有相似之处可供调查，所以本章只对两者各自的声调类型进行分析。

1. 平声

湘南土话中的平声类型在这里以永州为例，按清、浊分别读作阴平和阳平调（表6-3）。[10]

表6-3 湘南土话的平声类型

地区	清	浊
新田南乡	阴平35	阳平13
新田北乡	阴平35	阳平13
宁远张家	阴平21	阳平13

续 表

地区	清	浊
蓝山太平	阴平 13	阳平 21
祥林铺	阴平 55	阳平 13
道县小甲	阴平 24	阳平 45
江永桃川	阴平 33	阳平 21
东安花轿	阴平 33	阳平 13

2. 上声

谢奇勇认为永州土话今读都有上声，但上声字所包含的范围不同。[10]因为有的方言点上声是按照清浊分阴阳的。土话的分歧中非常重要的一个点就是古浊上是否保留在上声中。保留在上声中的有 7 个方言点，不保留的有 10 个方言点。

庄初升认为粤北土话的上声以研究浊声母上声为主。全浊声母上声和次浊声母上声组成了浊声母上声。[2] 全浊声母上声的研究以口语字和书面语字划分，口语字仍读上调，书面语字就不同了，先并入浊去，然后在少数的方言点中与清去合流。

3. 去声

谢奇勇认为永州土话去声今读大部分都分阴、阳，其中 12 个方言点是古次浊去归阳去，只有东安花轿是古次浊去归阴去。[10]

庄初升认为粤北土话中的去声字比较简单，分清去和浊去，今读有别或者不分。首先是有别，分为三类：一是乌迳类，以东北部的乌迳为代表，全浊去和次浊去归阳去，清去归阴去。二是石塘类，以中南部的石塘为代表，清去独立为去声，浊去多数并入阴平。三是长江类，这类比较特殊，古去声以声母的清浊为分化条件，去声字仍然读去声。其次

109

是不分，清去和浊去合流为去声，东北部百顺、西北部黄圃等5个方言点是这种类型。[2]

4. 入声

谢奇勇认为有11个方言点保留了入声，但又分古清入、浊入、次浊入等是否保留入声的方言点。[10]有6个方言点没有保留入声。这6个方言点也分古清入、古浊入还是上声。

入声在土话声调的地位非常重要，粤北土话中的入声有着较大的差异，有些方言点有阴阳两调，有些只有一个入声，有些甚至失去了入声。表6-4列举了永州方言声调情况。

表6-4 永州方言声调情况

地区	上声			去声			入声			调数
	清	次浊	全浊	清	次浊	全浊	清	次浊	全浊	
新田南乡	上声 55			阴去 33		阳去 21	阴去 33		阳去 21	5
新田北乡	阴上 33	阳上 21		去声 55			阴去 33		阳上 21	5
宁远张家	上声 53			阴去 33		阳去 55	阴平 21		阳去 55	5
蓝山太平	上声 35			阴去 33		阳去 53	阴去 33			5
祥林铺	上声 33			阴去 21		阳去 53	入声 35		阳去 53	6
道县小甲	阴上 44	阳上 55		阴去 53	阳去 33		入声 213		阳去 33	7
江永桃川	上声 35	阴平 33		去声 24	阳平 21		入声 55		阳平 21	5
东安花轿	上声 55	阳去 24		阴去 35	阳去 24		入声 42			6

综上，湘语土话中的5个声调和6个声调是声调调数的主流，入声一般不分阴阳，上声和去声分阴阳。粤北土话中的入声字比较复杂，去

声字比较简单，但对声调的研究很少，不是简单和复杂就可以概括的，所以还需要躬身去研究，亲自去探究声调中深奥的变化。

五、湘粤边界土话的形成原因

湘南土话复杂多变，粤北土话也是复杂多样，这两地又是相邻，所以两地土话之所以形成复杂的现状，也存在着共同的原因。

（一）地理环境特殊

湘南山地山体高大，延伸长，山势较高。很多地方是重峦叠嶂，山峰与平地交错，这种地形正好为不同的方言划好了自然的分区，为方言的形成做好了天然的"摇篮"。[11]湘南与粤北地区连成一片，而且很多地方至今隶属还存在争议，甚至有些地区还形成了犬牙交错的格局，这为方言之间的相互影响提供了有利条件。

（二）历代移民繁复

湘南粤北的移民历史非常久远，早在西汉时期就有南下移民，但由于当时的社会环境不稳定，很多移民颠沛流离，没有定居，只是沿途居住了而已。据调查，到东汉时期湘南的人口密度大幅度增长，到唐代移民更是高达177%，这是大量的北方移民迁入的结果。[11]历史的更迭替换，使人们不断地进行迁移，移民到湘南粤北的人来自四面八方，不限地区，也不限方圆几里，甚至是千里之外，也有迁移的人群。

（三）少数民族接触频繁

与少数民族的接触也是从西汉开始[11]，到东汉时，汉族与少数民族频繁出现冲突，而且有少数的少数民族进行了汉化，把少数民族的语言带入古汉语中，当然，古汉语也会对少数民族语言产生影响，两者是相互融合的关系。经过历史的不断演变，两者的融合也不断地出现新花样。

（四）宗族势力影响

古代的阶级分化非常严重，宗族势力的影响深入骨髓，甚至出现了不同姓氏的人说不同的语言这种情况。有的地方是以地域名作为方言名，而在这种宗族势力的影响下，出现了以姓氏为方言名的现象，比如唐姓话、刘姓话、黄姓话等。

六、结语

正如前文所说，湘粤土话的类型学研究是非常困难的，土话内部声韵调的分类，只说声母，就有十几个，更何况韵母有四十几个，所以本章只对其中一点进行分类研究，也将湘粤两地的土话在古全浊声母、流摄与效摄、调数与调类三方面的异同点进行了对比。湘粤边界土话的形成是多方面原因构成的，历代移民和地理环境是造成语言复杂的主要原因，以致形成了湘粤"十里不同音"的现代语言格局。古全浊声母的今读类型，本章引用了李冬香的看法：古全浊声母今读塞音、塞擦音时送气与否，以声调和声纽为条件，湘南粤北共同点是并母、定母不送气，其他声母送气；不同之处是粤北以声调为条件时，遇平声读不送气清音，遇仄声读送气清音，不以声调和声纽为条件时，不论平仄都读送气清音。流摄与效摄的合流是湘南土话和粤北土话的共同点，但是粤北土话中只是部分韵相混。湘语土话中的5个声调和6个声调是声调调数的主流，入声一般不分阴阳，上声和去声分阴阳。[12]

以目前语言的现状和发展来看，土语正在缩小流通范围，00后的青少年对方言土话的认识逐渐减少。随着普通话的普及、人们思想的演变和教育程度的提高，让孩子学习普通话才是正确的学习方向，很多人会有这种想法，这也是难以阻挡的历史规律。那以后对方言土话的看法人们是否会有改变呢？方言土话的研究会不会更加深入呢？我们拭目以待。

本章参考文献：

[1] 刘祥友.湖南土话语音的历史层次[D].上海：上海师范大学，2008.

[2] 庄初升.粤北土话音韵研究[M].北京：中国社会科学出版社，2004：108-117，184-186，213-229.

[3] 卢小群.湘南地区土话的分布及其研究概述[J].求索，2003（3）：217-219.

[4] 李冬香.粤北土话的分布和使用人口[J].桂林师范高等专科学校学报，2012（1）：6-8.

[5] 李冬香.从音韵现象看桂北平话和湘南粤北土话的形成[J].广西民族学院学报，2016（2）：19-20.

[6] 王福堂.平话、湘南土话和粤北土话的归属[J].方言，2001（2）：110-111.

[7] 尹凯.从古全浊声母的读音层次看湖南土话的性质[J].方言，2009（1）：122-125.

[8] 庄初升.粤北土话中古全浊声母字今读的类型[J].语言研究，2000（2）：48-53.

[9] 侯小英.蟹流二摄在方言中的合流——以河源"本地话"为例[J].现代语文，2015（2）：19-22.

[10] 胡烽.湘语声调的类型学研究[J].荆楚理工学院学报，2019，34（4）：25-26.

[11] 谢奇勇.湘南永州土话音韵比较研究[D].长沙：湖南师范大学，2003.

[12] 鲍厚星.湘南土话系属问题[J].方言，2004（4）：301-310.

第七章　湘粤边界土话的归属研究

第七章　湘粤边界土话的归属研究

一、引言

20世纪初湘粤边界土话研究进入全面深入的综合性探讨时期，湘粤边界土话的归属问题也引起了人们的关注，此后对湘粤边界土话系属进行探讨的论文逐渐增多。

本章拟从语音和词汇两个角度出发，通过归纳对比总结出湘粤边界土话和客赣方言、平话的亲疏关系，进而探讨湘粤边界土话的归属问题。语音方面着重从全浊声母入手，分析湘南土话和粤北土话的语音特点。词汇方面在全面研究的基础之上，着重对音节数量和构词语素进行研究。首先，分别对比湘南土话和粤北土话的词汇与普通话词汇的相同或相异之处；其次，对比湘南土话的词汇和粤北土话的词汇的相似性和差异性；最后，通过语音和词汇这两个方面的研究，对比湘南土话、粤北土话和客家话、赣语、平话等的亲疏关系，确定湘粤边界土话的归属。

二、湘粤边界土话的语音分析

在判定方言性质时，古全浊声母具有很高的参考价值。所以，本章选择湘南土话和粤北土话的古全浊声母的特点作为语音方面的切入点。从整个现代汉语的角度来看，全浊声母"並母、奉母、定母、崇母、澄母、从母、邪母、床母、禅母、群母、匣母"在现在的大部分方言中基本已经清化，从人类的历史发展角度看，全浊声母清化也是一种最基本的语言演变规律。现在把常见的清化后读浊塞音、浊塞擦音和浊擦音的送气类型归纳为以下几种：第一，平声送气、仄声不送气，比如大多数的北方方言；第二，阳平、阳上调送气，阳去、阳入调不送气，比如大

117

多数的粤方言；第三，不论平、仄，一般送气，比如客赣方言；第四，不分平、仄，一般多数字不送气，少数字送气，比如闽方言；第五，不论平、仄都不送气，比如湘语中的长沙方言。[1]现在湘南土话以郴州汝城、宜章县栗源镇和石期市为例，粤北土话以清远市下属县级市连州市和韶关市犁市镇为例，来分别简要地论述它们的特点。

（一）湘南土话全浊声母的特点

郴州土话的古全浊声母基本已清化，但清化的规律并不统一。古全浊声母"並、定、澄、从、群"今读塞音、塞擦音；"邪、崇、禅"三母一些字读塞擦音，一些字读擦音。"奉、匣"两母，只读塞擦音。

声纽在汝城话中作为送气与否的条件。现在汝城土话的全浊声母中並母、定母和奉母大多不送气，其他全浊声母字大多送气，具体情况如表7-1所示。

表7-1 汝城话中古全浊声母字今读塞音、塞擦音声母情况表[2]

中古声纽	汝城话			
	送气		不送气	
	塞音	塞擦音	塞音	塞擦音
並	p'（20）		p（91）	
奉	p'（1）		p（3）	
定	t'（14）	ts'（1）	t（130）	
澄	t'（6）	ts'（34）tɕ'（14）	t（7）	ts（14）tɕ（1）
从		ts'（35）tɕ'（29）	t（1）	ts（6）tɕ（9）
邪		ts'（6）tɕ'（14）		
崇		ts'（11）tɕ'（1）		ts（9）
船			t（1）	
禅		ts'（8）tɕ'（9）		
群	k'（7）t'（1）	tɕ'（59）		tɕ（21）
合计	49	221	233	60
	270		293	

由上表可知，郴州汝城话中全浊声母清化后今读塞音和塞擦音大多为送气声母，这一特点和客赣方言相似，因为在郴州境内既有客家话区又有赣语区，它们之间有着频繁的直接或者间接的联系，从而对当地土话产生了一定的影响[3]。

在宜章县粟源土话中，全浊声母有如下特点：①古全浊声母大部分都已经清化。古全浊声母字今逢塞音、塞擦音时，不论平仄一般都读送气清音，但是也有少数仄声字读为同部位不送气清声母。②古非组"非敷奉微"与帮组"帮滂并明"绝大多数情况下不混，但也有少数非组字读如重唇音。③古泥母来母不混，今洪音读[n]，细音前读[ɲ]，来母读[l]。④多数不分尖团，古精组字和见组字在今细音前不区别。[4]

在石期市土话中，声母的最大特点是古浊声母今大多读清音。其全浊声母的特点如下：①定母读不送气清塞音[t]。②并、奉两母读不送气清塞音[p]。③群母在洪音前读不送气清塞音[k]，在细音前读不送气清塞擦音[tɕ]。④从、澄、禅三母在洪音前读浊擦[z]，在细音前读不送气清塞擦音[tɕ]。⑤邪母在洪音前读浊擦音[z]，在细音前读清擦音[ɕ]。⑥崇母读浊擦音[z]。⑦船母在洪音前读浊擦音[z]，在细音前读浊擦音[z]和清擦音[ɕ]。由以上可知，石期市土话中，定母、并母、奉母、群母大都读作不送气；从母、澄母、禅母大都在洪音前读作送气，在细音前读作不送气；崇母、船母大都读作送气。[5]

（二）粤北土话全浊声母的特点

全浊声母在粤北土话和湘南土话中一样基本已清化，根据今读塞音、塞擦音可分为以下五种类型：第一，不分平、仄一般都读送气，比如韶关市老城区及郊区和南雄市乌迳话；第二，并母、定母常用上声字读送气，今读塞音的澄母也常用上声字读送气，今读塞擦音的澄母和其余全浊声母也一般读送气，少数读不送气，比如乐昌市南部的土话；第三，並母、定母、奉母今读不送气，比如连州市以及乐昌市北部的土话；第四，不分平、仄一般都读不送气，比如南雄市的城关雄州话；第五，逢平声读不送气，逢仄声读送气，比如南雄市百顺话。[6]

连州市全浊声母清化有以下规律：今读塞音的，並母、定母不送气，群母、从母、澄母、崇母送气，禅母绝大部分不送气，少数读塞擦音的也送气。连州市地理位置复杂，境内有客家话、西南官话和四会话之外，还有许多系属未定的土话。并且並母、定母不送气，其余全浊声母一般都送气的这个规律，也和湘南部分土话一致。[7]

在犁市镇的土话中，声纽和声调同时作为古全浊声母今逢塞音塞擦音时送气与否的条件。並（奉）、定、澄（今读塞音）平去入声字读不送气音，上声口语常用字读送气音，非常用字一般读不送气音，从、澄（今读塞擦音者），崇、群母则一般读送气音。[8]

整体来看，湘南土话和粤北土话的全浊声母的清化规律具有以下特点：第一，並母、定母、奉母大多不送气。第二，其余全浊声母一般送气。第三，湘南、粤北地理位置复杂，当地土话频繁接触周边地区的方言，因此受到一定的影响，这体现在当地土话在客家话和赣语的影响下全浊声母清化后今读塞音和塞擦音的大多为送气声母。[9]

三、湘粤边界土话的词汇分析

作为语言的三要素之一，词汇也是探究方言时的一个重要参考依据。研究表明，湘南土话和粤北土话中的常用词有一半以上和普通话中的常用词有所区别，加上部分地区有相同或者不同的特殊情况，因此剩下少量的常用词与普通话中的常用词相同。由此可见，粤北土话和湘南土话与普通话的词汇差异是十分明显的。由于不同的方言在词汇方面的差别主要体现在词形上，所以本章着重讨论湘南土话的词汇和粤北土话的词汇在词形上的特点。

（一）湘南土话与普通话的词汇关系

湘南土话中古语词保留较多，词缀丰富并且数量词差异小。其吸收了客家话、赣语中的词汇或者语素，但是由于每一个地区间所吸收的程度不同，以及地理、历史等原因，湘南不同地区之间的词汇差异性也比较明显。接下来以道县寿雁土话和嘉禾县石桥土话的词汇为代表进行论述。

1. 寿雁土话和普通话部分相同的构词语素

（1）使用了语素意义相同但形体不同的语素。例如：寿雁土话的词汇"吹风、落雨"和普通话的词汇"刮风、下雨"，运用了"吹"与"落""刮""下"这类意义相同而形体不同的词缀。

（2）与普通话相比，寿雁土话的词语中，其中一个语素因构词能力强而使用频率高。例如：在"糙米""粗米"中，"粗"的构词能力比"糙"要强，因而使用频率要高。[10]

（3）构词方式的不同。例如："春耕"和"肚兜"在普通话中为偏正式，在寿雁土话中与之对应的"种春"和"暖肚"则为动宾式结构。

2. 寿雁土话和普通话完全不同的构词语素

（1）人们的认知角度受到地理环境和人文历史等方面的影响与制约，因而运用不同的语素来造词。第一，依据事物所处的时间来造词，普通话中的"中秋节"指的是农历八月十五，因此在寿雁土话中用"八月十五"来指代中秋节；第二，根据事物主要特征来造词，比如因化妆时要轻轻沾着粉底拍打敷面，所以普通话中的"化妆"用寿雁话称作"打粉"。

（2）古语词的保留。寿雁土话中保留了部分古语词，比如"澄""酽""跛""哕"，在普通话中与之对应的是"沉""浓""瘸""呕"。

3. 寿雁土话和普通话构词语素相同但语素排列的顺序不同

在寿雁土话中，有少量的词的语素和普通话的语素完全相同，但是位置不同。比如：普通话中的"公鸡"在寿雁土话中为"鸡公"。

4. 石桥土话和普通话在音节数量方面的不同之处

（1）在谓词、普通话中的并列短语、石桥土话中的古语词、普通话中词缀带"子"的词语和普通话的定中短语中，石桥土话一般为单音节词而在普通话中多为双音节或多音节词。例如：石桥土话中"姐""牢""哈""裙""虹"对应的普通话的词汇为"妈妈""牢固""玩耍""裙子""彩虹"。

（2）在动物名称或者幼小生物的名称中，石桥土话一般为双音节或多音节，而普通话多为单音节。例如："龙婆""猫仔"对应的普通话的词汇为"虫""猫"。

5. 石桥土话和普通话在构词语素方面的不同之处

（1）石桥土话词汇的语素和普通话语素有部分相同。比如"浊水"对应普通话中的词汇为"浑水"，这是因为在石桥土话中有一些词汇和普通话的词汇属于义同形异的关系。

（2）石桥土话词汇的语素和普通话语素之间存在巨大差异。这是因为石桥土话中保留了一些古语词，或者在命名方式上与普通话之间存在着差异。例如："隘"对应的普通话的词汇为"狭窄"，"勺瓜"对应的普通话的词汇为"水瓢"。

（3）石桥土话词汇的语素和普通话语素使用相同，然而位置不同。如：石桥土话中"牛公""箭弓""旱天"对应的普通话的词汇为"公牛""弓箭""天旱"。[11]

（二）粤北土话与普通话的词汇关系

1. 乐昌土话和普通话音节数量的不同之处

粤北土话的词汇中，既有粤方言的特征词，也有赣语的特征词和客家话的特征词。现在以粤北乐昌土话和连州土话为代表进行探讨。

（1）乐昌土话中的一些多音节词对应普通话中的词汇为双音节词。比如自然类的词汇中，"扫杆星""天狗食日""天狗食月"对应普通话的词汇为"彗星""日食""月食"；婚丧类词汇中，"讨妇娘""大肚婆"对应普通话的词汇为"娶妻""孕妇"；人体类词汇中，"膝头牯"对应普通话的词汇为"膝盖"等。

（2）乐昌土话中很多的单音节词对应普通话中的词汇为双音节词或者多音节词。比如家务类词汇中，"选""煮"对应普通话的词汇为"拣菜""煮清水蛋儿"；植物类词汇中，"禾""菌"对应普通话的词汇为"稻子""蘑菇"；房屋类词汇中，"屋、起"对应普通话的词汇为"房子""盖房子"等。

（3）乐昌土话中的少许双音节词对应普通话中的词汇为单音节词。比如农事类词汇中，"洋锄"对应普通话的词汇为"镐"；人体类词汇中，"背脊"对应普通话的词汇为"背"等。[12]

2. 乐昌土话和普通话构词能力的不同之处

有一部分的乐昌土话词汇与普通话相比，其中一个语素构词能力强，使用频率高。比如时令类词语中"上昼""下昼"对应普通话中的词汇为"上午""下午"，在乐昌土话中"昼"的构词能力就比"午"强，并且使用频率要高。再比如动物类词汇中，"牛牯""牛婆""羊牯""羊婆"对应普通话的词汇为"公牛""母牛""公羊""母羊"，在乐昌土话中"牯""婆"的构词能力就比"公""母"强，并且使用的频率要高。

3. 乐昌土话中古语词的保留

在乐昌土话中，有一部分词汇在普通话的口语里已经不使用了，只出现在书面语里。比如起居类词汇中，"炙火""着"对应普通话的词汇为"烤火""穿衣"；动作类词汇中，"倚""行"对应普通话的词汇为"站立""走"；饮食类词汇中，"肚饥""食饭"对应普通话的词汇为"饿""吃饭"等。

4. 连州土话与普通话在音节数量上的不同

（1）连州土话中的一些单音节词汇对应普通话中的双音节词汇或者多音节词汇。例如："映""应""正""争""琼"，对应普通话中的词汇为"宠爱""应该""完工""相差""凝结"。

（2）连州土话中的一些双音节词汇或者多音节词汇对应普通话中的单音节词汇。例如："道论""面板""银纸""哑仗""公公仔"，对应普通话中的词汇为"说""脸""钱""蛮""图"。

5. 连州土话与普通话在构词语素上的不同

（1）连州土话的语素和普通话语素有部分相同。例如："千急""伯爷""辈号""装香""靡雨"，对应普通话中的词汇为"千万""伯父""辈分""上香""细雨"。

（2）连州土话的语素和普通话语素之间有部分存在巨大差异。例如："爆楼""伴娘""彩数""飞鼠""古仔"，对应普通话中的词汇为"捣蛋""妻子""运气""蝙蝠""故事"。

（3）连州土话的构词语素和普通话的构词语素相同但构词顺序不同。例如："人客"对应普通话中的词汇为"客人"。

（三）湘南土话与粤北土话的词汇关系

在1000多个常用词中对照粤北土话和湘南土话的词汇，说法相同的有500多个，除去和普通话说法相同的词，大约占总数的20%，另有将近300个词为湘南土话和粤北土话说法相同但与普通话说法不同的词，大约占总数的20%。湘南土话和粤北土话说法部分相同或相异的词共200多个，大约占总数的20%；完全不同的词有500多个，大约占40%。这表明湘南土话和粤北土话的词汇既有相似性又有差异性。[13]

1. 相似性

（1）表7-2的单元格中，左侧为在普通话中的词汇，右侧为对应的湘南土话和粤北土话中的词汇。

表7-2　湘南敖泉土话和粤北北乡土话一致但与普通话不同的部分词汇

太阳—日头	星星—天星	刮风—发风	下冰雹—落雹	涨洪水—发大水
山—岭	山顶—岭头	后面—后背	底下—脚下	旁边—侧边
今天—今日	傍晚—断黑	天亮—天光	前天—前日	后天—后日
水田—田	插秧—莳田	脱粒—打禾	箩筐—箩	筛子—筛
扁担—担竿	菜地—菜园	浇菜—淋菜	干活—做事	夹菜—夹菜
淘米—洗米	炖—炆	收拾—捡拾	水稻—禾	辣椒—辣子

（2）有许多词汇，在湘南土话和粤北土话里是相同的，但是在普通话和土话中却是不同的，其中有一部分是在两种土话中都为单音节词，而在普通话中常作为双音节词出现，如表7-3所示。[2]

表7-3　湘南敖泉土话和粤北北乡土话为单音节词而普通话为双音节词的词汇

房子—屋	水稻—禾	稻草—秆	谷子—谷	蘑菇—菌
浮萍—漂	火药—硝	平地—坪	池塘—塘	女婿—郎
被子—被	埋怨—怪	结实—牢	叩头—拜	欺骗—哄

（3）湘南和粤北土话与普通话相比，有一部分词汇中的一个语素的构词能力强，并且使用频率高。比如在上文提到的，湘南寿雁土话的词汇中"粗"比"糙"的构词能力强，并且使用频率高；粤北乐昌土话的词汇中"婆"比"母"的构词能力强，并且使用频率高。[14]

2. 差异性

接下来我们主要比较湘南土话的词和粤北土话的词汇在构词方面的差异性。通过比较，构词方面主要有构词成分的数目即单音节词和复音节词的差异，意义相同但是语素顺序不同的差异，还有构词的方式之间的差异。

（1）构词成分数目的差异。比如：寿雁土话中用"爹"，而乐昌土话中用"老子"，表示普通话词汇中"父亲"一词。

（2）词义相同但是语素位置不同的差异。比如：普通话词汇中的"公牛"一词，寿雁土话中用"牯子牛"表示，而乐昌土话中用"牛牯"表示。

（3）构词方式之间的差异。比如：寿雁土话用"笠斗"，而乐昌土话用"笠头"表示普通话中的"斗笠"一词。前者是指像"斗"一样的帽子，是比喻式构词，后者是以特征代整体，用斗笠的尖尖角这个特征来命名，是借代式构词。

在词汇方面，经过以上三层对比，不难发现湘南土话的词汇、粤北土话的词汇和普通话的词汇之间既有共性也有特性。这是因为：第一，湘南、粤北地理环境复杂，山丘和平地交错，给多种方言的保留和发展提供了足够的空间条件。第二，从古至今移民比较频繁，有被流放的，也有被贬谪的，还有从征的等等。第三，不同民族之间不断接触。移民和民族之间不断接触，使各种方言在一起相互影响，相互吸收对方的词汇，所以湘南土话和粤北土话的词汇和客家话、赣语、平话等方言有很大的相似之处。

四、湘南土话和粤北土话中类似其他方言的特点

经过上面对湘南土话和粤北土话的语音及词汇的阐述，我们依旧不能直接定性湘粤边界土话的归属问题。这是因为在湘南和粤北地区还混杂着其他方言。《中国语言地图集》指出，湘南当地居民大多对内使用湘语或赣语，如祁阳、安仁等。在粤北地区分布的汉语方言，如客家方言：此方言在粤北分布最广并且是使用人口最多的方言。粤北土话：在粤北地区大多与客家方言交错分布。粤方言：主要分布在清远市等地区。闽南方言：主要分布在仁化县等九个县市内。此外还有西南官话，此方言在粤北地区主要分布在连州和乐昌两市的北部地区而在湘南地区则包含了十六个市县，当地居民一般对外使用西南官话，对内则使用土话。

接下来，我们要在以上两点的基础之上将湘南土话和粤北土话与客家话、平话和赣语进行对比，更深一步地找出其特点，从而确定其归属问题。

（一）湘南土话和粤北土话中类似客赣方言的特点

客赣方言在湘南和粤北地区分布十分广泛，并且使用人数众多，因而对湘粤边界土话产生了巨大的影响。首先，我们从词汇上来分析。范俊军将湘南敖泉话和粤北北乡话分别与粤、客、赣、湘四大方言进行比较并进行定量统计，结果如表7-4所示。[15]

表 7-4　北乡话和敖泉话与粤、客、赣、湘四大方言的比较

		粤方言	客方言	赣方言	湘方言	都不属于
相同词	北乡、敖泉	42	145	136	123	0
相异词	北乡	55	280	350	240	13
	敖泉	23	270	290	320	20
部分相同	北乡	76	294	325	217	32
	敖泉	31	263	342	376	26
总计	北乡	173	719	811	580	
	敖泉	96	678	768	819	

　　从上表不难看出，客赣方言的词汇对于北乡话和敖泉话的词汇的影响非常之大。湘南土话和粤北土话的词汇与客赣方言之间存在巨大的相似性，而粤北土话的词汇比起接近粤语甚至接近客赣方言。

　　在语音方面，客赣方言区别其他方言的重要标准为"古全浊声母清化后今读塞音塞擦音，无论平仄皆为送气清音"。依据这一标准能够得出，湘南土话与客赣方言的联系是非常紧密的。再比如，粤北土话和客家话也有非常多的共同特征：第一，古全浊声母字今读塞音、塞擦音时，无论平仄一般都是送气清音。第二，口语中几个古非组声母字今读 [p] [m]。第三，古晓母合口字今读 [f]，匣母合口字今文读 [f]、白读 [v]。第四，口语中个别歌韵字今读 [ai]。第五，开口四等齐韵字保持读洪音的迹象。第六，蟹山两摄的一二等字今读保持分立的迹象。第七，梗摄字的白读音多读 [aŋ]、[iaŋ]。第八，口语中都有一些浊声母上声字今读阴平调。[3]

（二）湘南土话和粤北土话中类似平话的特点

　　现在先对比一下湘粤边界土话与平话的语音特点。平话的语音特点：

128

古全浊声母清化后塞音和塞擦音大多不送气，与全清声母合流。以汝城为例，湘南土话的语音特点如下：古全浊声母清化后并母、定母、奉母大都不送气，其余全浊声母大多送气；多数土话溪母字声母变为擦音，和晓匣母、非敷奉母合流；阳声韵大多蜕变为阴声韵，全浊入除东安保持入声、嘉禾归上声、临武归阴平外，多数土话归入阳去。以连州市为例，粤北土话的语音特点如下：并母、定母、奉母大多不送气（这点和汝城话相同）；少数知澄母白读音保持为舌头音；阳声韵大多蜕变为鼻化韵和阴声韵。平话、湘南土话和粤北土话的语音特点表明，它们之间具有很大的相似性。

词汇方面，李冬香提出："桂北平话、湖南平话、湘南土话、粤北土话中的这些特色词不是方言接触的结果，而是历史上遗留下来的产物。同时，我们注意到，这些词的使用频率非常高，在历史演变中又比较稳固，如亲属称谓、人体名称、日常用具。因此，这些特色词从一定程度上说明了平话、湘南土话和粤北土话在历史上有过比较密切的联系。"[16]这也说明从词汇方面看，湘粤边界土话与平话之间也有很大的相似性。

五、结语

湘南与粤北地理位置相邻，两地历史联系紧密，居民之间交往颇多，文化习俗比较接近。两地汉语方言的分布类型也相类似，并且还带有平话、客家话、赣语等方言的特点。近年来，对于湘南土话和粤北土话的研究也逐渐引起了学术界的关注。本章在其他学者的研究之上，着重分语音和词汇两个方面对湘粤边界土话的归属进行探究。探究表明，语音方面，湘南土话（以汝城话为例）和粤北土话（以连州话为例）的全浊声母的清化后都具有并母、定母、奉母大多不送气，其他全浊声母一般送气的特点。并且体现了当地土话在客家话和赣语的影响下全浊声母清化后今读塞音和塞擦音大多为送气声母的特点。词汇方面，湘南土话和粤北土话的词缀丰富、数量词差异小、古语词保留较多，并且吸收了客家话、赣语中的词汇或者语素，但是由于湘南和粤北的每一个区域之间所吸收的程度不同，以及湘粤边界的地理、历史等原因，湘南土话和粤北土话之间存在着相似性和差异性，同时体现出较大的与客家话和赣语等方言的相似之处。在上述两点讨论之后，本章为了进一步探究湘粤边界土话的归属问题，依据《中国语言地图集》指出的湘南和粤北地区汉语方言的分布，选择将湘粤边界土话和客赣方言、平话等进行对比。对比结果表明，客家话和赣语在语音上与湘粤边界土话存在众多的相似之处，并且在词汇上的相似之处更多。以湘南敖泉话、粤北北乡话为例，通过表7-4可以得出湘南土话和粤北土话的词汇有非常大的比重接近客赣方言。而粤北土话的词汇甚至接近客赣方言比接近粤语还要多。平话在语音和词汇上与湘南土话和粤北土话具有一定的相似之处。因此可以推测，客赣方言和平话对于湘南土话和粤北土话都具有一定的影响，所以不能笼统地将湘粤边界土话的归属认定为湘语、粤语、客家话、赣语和平话等其中某一类。

混合型方言的定义分为两种：狭义的指两种或多种相差较大的方言经过深度接触而整合成稳定系统的、边缘清楚的方言；广义的则泛指带有混合性质的方言，包括渐变型的"过渡方言"和蜕变型的方言、浅度接触的合变型方言和微变型方言。在为方言分区时，混合型方言和过渡型方言可以作为不归入大区的"另类"方言，作为划不尽的"余地"。混合型方言的特点：在纵向发展的叠置上往往是多层次、多来源、不规整的，在横向共处中往往是多方言兼收并蓄。就方言本体的结构系统说，混合型方言大多是驳杂型的，即音类与古音、现代通语的对应都不整齐，词汇则多同义词、多义词，虚词也一词多用或多词同用。[17]著者认为，湘粤边界土话很大程度上符合混合型方言的定义和特点，所以其归属是混合型方言。第一，在湘粤边界存在着多种相差较大的方言，它们经过

第七章 湘粤边界土话的归属研究

深度接触以后逐渐形成了稳定的系统；第二，湘粤边界土话存在于湘南和粤北的边界，大多数混合型方言都存在于此种边界；第三，湘粤边界土话从语音和词汇上包含了很多客家话、平话、赣语等方言的特点，属于多种方言兼收并蓄。因此著者认为，湘粤边界土话属于混合型方言。

本章参考文献：

[1] 王福堂.平话、湘南土话和粤北土话的归属[J].方言，2001（2）：107-118.

[2] 陈立中.试论湖南汝城话的归属[J].方言，2002（3）：227-231.

[3] 李冬香.粤北土话、湘南土话和桂北平话古全浊声母的演变[J].桂林师范高等专科学院学报，2013，27（2）：1-5.

[4] 王颖.湖南省宜章栗源镇土话语音研究[D].长沙：湖南师范大学，2018.

[5] 陈琼.湖南东安石期市土话语音研究[D].长沙：湖南大学，2012.

[6] 林立芳，庄初升.粤北地区汉语方言概况[J].方言，2000（2）：126-137.

[7] 庄初升.粤北土话的音韵研究[M].北京：中国社会科学出版社，2004：98-107.

[8] 李冬香.粤北犁市土话音系[J].方言，2013（4）：369-384.

[9] 李如龙.论混合型方言——兼谈湘粤桂土语群的性质[J].云南师范大学学报（哲学社会科学版），2012，44（5）：1-12.

[10] 彭美娟.湖南道县寿雁土话词汇研究[D].长沙：湖南师范大学，2016.

[11] 杨丹.湖南省嘉禾县石桥乡土话词汇研究[D].长沙：湖南师范大学，2014.

[12] 张双庆，庄初升，伍巍等.乐昌土话研究[M].厦门：厦门大学出版社，2000：123-147.

[13] 欧阳国亮.湘南流峰土话的归属[J].遵义师范学院学报，2010，12（6）：45-48.

[14] 范俊军.从词汇看粤北土话与湘南土话的异同及系属[J].华南师范大学学报（社会科学版），2000（3）：59-64.

[15] 庄初升.粤北土话中类似赣语的特点[J].韶关大学学报（社会科学版），

1990,20（5）:19-28.

[16] 李冬香.从特色词看平话、湘南土话和粤北土话的关系[J].广西民族学院学报（哲学社会科学版），2004，26（4）:138-141.

[17] 何新.山洲大路声词典[EB/OL].（2011-04-06）.

第八章　语言接触视角下的湘粤边界土话语音面貌的形成

第八章 语言接触视角下的湘粤边界 土话语音面貌的形成

一、引言

湖南省永州与郴州分别和广东省的清远与韶关接壤，边界方言复杂，客、赣、湘、西南官话等均有分布，本章研究对象为散布在湘南、粤北边界地区的土话群落，核心为宜章、临武、乐昌、连州等湘粤边界地带的土话群。清代阮元的《广东通志》指出，"韶南连州，地连楚豫，言语大略相通，其声重以急"，说明了湘南土话与粤北土话自古以来就存在密切关系。赵元任为用现代方言学方法调查湘南土话与粤北土话第一人，1928年、1935年前后，他领导的方言调查小组对广东、广西方言及湖南七十五个县的方言进行了初步调查，调查点包括了乐昌、韶州、宁远、蓝山等地，后由杨时逢在1974年于台湾整理出版了《湖南方言调查报告》。1956年到1960年，湖南省展开了大规模的汉语方言普查，并与1960年出版《湖南省汉语方言普查总结报告（初稿）》，记录了"湘南土话"中"蓝山土话""嘉禾土话"的音系和词汇。1987年出版的《中国语言地图集》在编写的过程中曾讨论到湘南土话、平话和粤北土话，笼统地划出了土话的分布范围，对其系属则未做出结论。

关于湘南土话的研究，开始得较早。湘南土话是指分布在湖南南部的系属尚未明确的土话群落的总称，1990年出版的《中国语言地图集》记载湘南"十六个县市对外讲西南官话，对内讲土话，各县的土话不一致，彼此不易通话"。这些土话因为研究不充分，资料欠缺，因而列入未分区方言，其分布地区主要包括郴州境内的桂阳、宜章、嘉禾、临武等县；永州市所辖的冷水滩、东安、双牌、江永、江华等县。[1]

对湘粤边界土话的综合研究较早的有王本瑛、庄初升、牟廷烈等，王本瑛的博士论文《湘南土话之比较研究》，是第一部综合研究湘南土话的著作。庄初升的《粤北土话音韵研究》，是一部系统完整的区域方言的比较研究著作。牟廷烈的《粤北土话和湘南土话的音韵比较研究》第一次对湘粤边界土话的音韵进行了全面比较，这项研究成果在综合比较方面都有开创之功，是早期综合研究的最重要成果。

对湘粤边界土话的研究进入全面深入地综合性探讨时期的标志是对其内部分类和方言归属问题进行探讨，这一时期以土话定性研究为主导。2000年在广东韶关召开的"粤北土话及周边方言国际研讨会"开始研究湘粤边界土话分类、归属两大问题。2002年在长沙召开的"湘南土话及周边方言国际学术研讨会"，使湘粤边界土话的研究更为深入，引起了学界的普遍关注。

关于湘粤边界土话的归属问题，鲍厚星在《方言》上先后发表《湘南东安型土话的系属》《湘南土话系属问题》两篇论文，进行了较为详细的讨论，其中《湘南土话系属问题》从社会人文历史背景、音韵特征等方面，把湘南土话归为四种主要类型，并把"清音送气型"和"清音不送气（並定）+送气（群从澄崇）型"划入客家话或赣语。但更多学者倾向认为湘南土话是语音面貌极为复杂的一种混合型方言。牟廷烈在《粤北土话和湘南土话文读的类推及其扩散》中指出，"许多学者认为粤北土话和湘南土话是多种外来成分叠置的一种混合型方言"。刘祥友《湘南土话语音的历史层次》在分析了湘南土话的语音特征后得出结论："我们认为在当前的条件下，把它们处理为一种混合性方言是较为稳妥的做法。这种混合性体现在各土话点语音系统的盘根错节、层层覆盖上……"，"湘南土话由于特殊的语言历史背景和地理分布位置，使其语音系统，兼收并蓄，叠床架屋，形成混合性极高的特点"。[2]

由此可见，混合性是湘粤边界土话语音面貌的一个基本特点，本章从语言接触角度着重分析其独特语音面貌形成的原因。

　　语言接触是语言生活中一种常见的语言现象,指不同语言或同一种语言内的不同方言之间的经常交往及其所产生的一系列结果。究其原因有多种,在古代多出于战争征服、民族迁徙等因素;在近现代主因是经济贸易、文化交流、移民杂居等。语言的接触是语言变化的重要因素,两种或多种语言或方言的相互影响,使双方或多方语言都发生一些变化。其表现形式多样,最常见的是语言的借用,包括词汇、语法的借用,在汉语与少数民族语演化的历史上这种情况都曾出现过。另一种表现是语言的融合,多为优势语言吞并弱势语言,较为极端的情况是在一定历史条件下,稳定而长期地接触使两种语言深度渗透,产生出一种新的融合性语言,如太平洋美拉尼西亚群岛的洋泾浜英语、佛得角群岛的通用语言葡萄牙克里奥尔语。前者已成为国家广播语言的一种,后者已成为一种新语言。语言接触的另外一种现象如下:在同一言语的社团或区域里,两种或两种以上的语言虽然相互影响,但仍能保持各自独立的现象,两者同时通用,这在语言接触现象中被称为双语现象,它往往是语言深度融合前的一个过渡阶段。下面我们分析一下语言接触对湘南粤边界土话语音面貌的影响。

二、共同语与土话互相渗透

　　首先是普通话的影响。推普,是推广普通话的简称。为了适应改革开放、经济建设和社会发展的需要,1986年国家把推广普通话列为新时期语言文字工作的首要任务,《中华人民共和国国家通用语言文字法》也规定普通话是国家通用语言。语言是最重要的交际工具和信息载体。在中国现代化建设的历史进程中,大力推广、积极普及全国通用的普通话,有利于消除语言隔阂,促进社会交往,对社会经济、政治、文化建设和社会发展具有重要意义。普通话对方言的影响主要是政策性的,往往是单向的。

　　语言是最重要的交际工具，普通话作为我们所有民族的共同语，是以北京语音为标准音，以北方方言为基础方言，以典范的现代白话文著作为语法规范的经过规范化的标准用语，是我们所有民族最重要的交际工具，对方言甚至民族语都起着示范性作用，规定了方言、民族语的发展方向。方言的发展有必要从属于普通话。普通话形成了统一的书面语，而方言没有统一的书面语，只能采用共同语的书面语来书写，其语法、词汇必然要受到普通话的影响。普通话作为共同语，是中华民族文化的重要载体，例如当前我国主要的媒体如广播、电视、电影、书刊、报纸等，多是使用普通话，虽然也有一部分媒体使用地方方言，但总体上看，方言媒体少之又少，有影响力的几乎没有。随着经济的发展，各地域的交往日益增多，操着各个地域方言的流动人口日益增多，为了相互顺利沟通，他们都会不自觉地使用普通话。这一情况，使普通话的影响日益扩大，使用人口日益增多，使用的地域范围日益宽广，方言的使用则相反，其使用日益受限制，使用的范围日渐缩小，特别在青少年一代，方言的消亡速度令人吃惊，各类方言都有不同程度的萎缩，甚至有些方言已处于濒危状态。虽然，今后方言的发展向普通话靠拢是必然趋势，但这对地方文化的传承来说，却是一场劫难。

　　大面积的推普行为，对湘南粤边界土话语音面貌同样有深刻的影响，对新生代的影响尤其巨大。像湘南粤北地区，方言异常复杂，当地人的交流是把普通话作为必备的、经常的手段，他们在习得和使用普通话过程中，容易受方言影响，带有明显的方音特色，如不分平翘，不分前后鼻音，不分边、鼻音，语流中没有儿化和轻声等，普通话地方特色明显。语言的影响是相互的，这种洋土结合的特点也会逐步深入当地土话的语音系统，致使老年人和青年人的土话发音不一致。粤北土话的新老交替尤其迅速，每一种土话的内部新派老派的发音差别较大，共时演变很明晰。推普以前，地域方言没有退出教学领域，新派老派的发音差别不是非常明显，方言的演变体现出的是一种渐进的过程；随着推广普通话的大力进行，有的小孩从小就用普通话交流，甚至幼教就用普通话了。据调查，湘粤土话区域中，部分90后完全不能用土话进行交流。湘南粤边界土话中，有的土话使用人口日渐减少，已成为标准意义的濒危语言，甚至出现突变型的方言变化消亡的现象。

三、西南官话的影响

从范围上看，西南官话对湘南土话语音面貌的影响是全方位的。《中国语言地图集》把湘南地区确定为西南官话与当地土话并用的双方言区，有十六个县市对外讲西南官话，对内讲土话。受西南官话的影响，湘南土话地区学习普通话时往往阴平的声调调值发音不到位，55的调值往往发成33或44，阳平发成降调，去声升降幅度不大，语调平缓，轻重格式没有轻重音区分，这些都是受西南官话影响的表征。当地人习惯把西南官话当作地方普通话。从语言交际功能和地位来看，土话弱而官话强，土话的语言地位低而官话高，土话使用机会越来越少，频率越来越低，而官话相反。湘南土话中有多个代表点的语音、词汇系统明显带有西南官话的印记。西南官话是湘南地区的强势方言，许多土话无疑都会受到它强大辐射力的影响。

粤北土话受西南官话的影响相对较小，主要受湖南的影响，湖南南部西南官话是全域通行的，其影响力不亚于普通话，历史上湘南和粤北地理相连，文化交往、经济往来都十分频繁，人口迁移也是常见现象，湘南土话自然而然扩散到了粤北地区，被称为"湖南话"。总体看来，西南官话对粤北土话的影响远远不及它对湘南土话的影响，但其对靠近湖南的粤北土话（如连州土话）的影响还是可以明显看到的。连州片的九个方言点均没有文白异读现象，与其他土话片的情况很不相同，显然是受西南官话的影响。[3]另外，其飯塘、三溪等五小片次浊上声字一律读为上声字，这个特征和湘南土话是一致的，而西南官话的语音特征之一正是次浊上声字一律读为上声字，与普通话的浊上归去有明显的差别。另外，粤北土话中的韶州土话"晓、匣"母字想混读[f]声母，而连州片的飯塘、三溪的绝大多数字仍然保持[x]声母，这一特点与北方方言相同，也与西南官话的影响相关。西南官话对粤北土话的影响还表现在声调上，如连州片的黄圃小片入声字读为低降调，与语音演变规律相违，但与西南官话的阳平调的调类相同，许多音节的韵母字也与西南官话相同，这充分体现了连州土话对西南官话的借用。

四、湘赣粤客家语的浸淫

语言的接触与混合使语言的发展不受外来影响的理想状态从来就不曾存在，相邻语言的影响对语言的发展影响非常大。同样，湘南粤北边界土话的语音面貌深受其所处语言环境的影响，一般说来，土话连成一片的地区如东安等地，土话保存得相对较好，土话与土话之间被各种方言间隔，特别是存在土话"孤岛"，其语音面貌就复杂得多。影响湘南、粤北边界土话的语音面貌的方言除西南官话外，主要是湘、赣、粤、客家语。

湘南地区多种方言交错分布，《中国语言地图集》把祁阳归湘语，安仁、永兴和资兴三县市归赣语，汝城、桂东二县归客家话，实际情况远比之复杂，各种方言和土话层层覆盖，相互渗透，浸淫日久，加之新移民的影响，又形成一个个方言"孤岛"。其中，客家方言分布很广，虽然不集中，但在汝城县、桂东县、资兴市、安仁县、宜章县、临武县以及桂阳县等县都有零星的分布。湘南地区的湘语主要是由因矿山开发迁徙而来的原籍湘中、湘北一带的居民带来的，他们的方言在当地话的包围之下形成了"湘方言岛"。

第八章 语言接触视角下的湘粤边界土话语音面貌的形成

总的来看，湘南地区的多数地方话都融合了湘、赣、客等各类方言的特征，混合程度较高。最有代表性的是永兴方言，有的学者认为它属于客赣方言，有的认为是湘赣方言，《中国语言地图集》把它归于赣方言，从词汇学的角度有的学者把它归于湘方言甚至西南官话。这种情况出现的原因就在于其具有高度的混合性，语音面貌独特，但可以赖以划分的语音特征又不明显，多种方言特征都兼而有之，所以才会形成诸多争议。

粤北土话又是另外一种境况，在粤北地区，客家话通行最广，使用的人口也最多，占粤北人口的二分之一强，约有三百多万人。在这种强势方言的渗透下，总体上看，粤北土话一直处于守势状态，其使用范围是不断萎缩的，客家话逐渐渗入土话区，形成双方言区。从历史渊源看，粤北土话区的客家居民最早来自两宋时期的江西省，在明成化年间更是大量从福建西部迁来粤北，数量如此之多以致反客为主，成为当地的主要居民。土语与客家话相互渗透，形成你中有我、我中有你的语音面貌。粤北土话与客家语之间有很多共同点，韶州土话的白沙、石塘等六个点的全浊声母今读清塞音、清塞擦音一般都送气的特点，与客家语是一致的。受客家语影响尤甚的是韶州土话的周田土话，从地理位置上看周田位于韶州的东北部，与客家语接触面最广，其宕摄开口一等字如"纲"与合口一等字如"光"相混，与大多客家语的语音特点类似。粤北土话与客家语数百年的接触史就是粤北土话数百年的演变史。

影响粤北土话的语音面貌的另一大方言不言而喻是粤语。韶州土话和属于连州片的乐昌土话都深受粤语的影响，广州腔越来越流行。韶州的长来及连州的黄圃等地的土话，精组字及知、庄、章组字今读为两套擦音、塞擦音声母，与连山的粤方言是同一种类型。韶州土话、连州土话的方言代表点的齐韵字多有文白异读，其文读层次的语音多与粤语有关，有的方言点的入声字，有 [t]、[k] 两个塞音韵尾，和粤语的影响相关联。

相对于湘、赣、粤、客家语，湘南粤北边界土话是一群弱势语言，表现在语言的交际使用的不平衡上，一般来说，土话区的居民会学说湘、赣、粤、客家语，但相反的情况很少发生。从语言的相互影响及渗透上看，也总是表现出一边倒的形势，土话总是被周边的强势方言冲击得七零八落，语音面貌变得混杂，越来越难以识别，最终不断向周边方言靠拢或趋同而失去自我，这也是语言博弈的最终结果。

五、土家、苗、瑶等少数民族语言的底层残留

我国少数民族总体分布是大杂居小聚居，这个特点在湘南粤北地区尤其突出，据统计，湘南地区聚居了瑶、苗、土家等少数民族共80多万人口。永州地区包括冷水滩市、芝山市、宁远等11个县市，有瑶、苗、土家等少数民族杂居，其中瑶族最多，人口40多万，占全国瑶族总人口的30%左右，形成了具有地方特色的"瑶文化"。郴州的资兴市和桂阳、嘉禾、安仁等8县市，有瑶、苗、彝、壮、土家等27个民族杂居，形成并保持着浓郁的传统风俗。[4]（胡湘兰2005）

广东省有壮、瑶、畲、回、满族等56个少数民族。粤北地区主要有壮族、瑶族，壮族主要分布在粤西、粤西北等地，在连山、怀集、廉江、信宜、化州、罗定等县市。瑶族分布在粤北、粤西等地区，如连南、连山、廉州、阳山、英德、乳源、乐昌、仁化等地，以及韶关、清远、阳江等城市中。

瑶语、壮语随着少数民族的迁移流布扩散，并对当地的土语产生一定的影响，因此民族语的接触不可避免地成为影响湘南土话语音面貌的重要因素。湘南地区古称南蛮之地，是古百越和蛮等少数民族的世居之地。湘南部分土话中，古全浊塞音声母定母字清化后不送气，而从澄崇群母字清化后送气，这被视为古百越语底层先喉塞音形式在湘南土话中

遗存的表现。[5] 词汇中也有很多借用瑶、苗、土家语的痕迹，如江永城关话称高祖父为"白白公"，高祖母为"白白奶"，和标敏瑶语几乎完全一致，成为民族语与汉语的"合成词"。粤北土话来源历史悠久，岭南地区最早设立行政区可追述至公元前214年，即秦始皇三十三年，秦统一岭南，设立了南海郡。粤北土话地区有记载的第一次语言融合为"百越"部落人民所操的百越语与秦国士兵所操的秦中原语的融合，即先秦汉语与本地部落语言融合。公元前204年，赵佗正式建立南越国。他"和辑百越"，提倡中原人与岭南人通婚，尊重岭南人的风俗，促进融合和社会和睦发展，形成了粤北土话的最初雏形：汉古汉越语。由此观之，粤北土话和湘南土话同样都具有百语底层。[6]

民族语的影响也体现在语法上，湘南地区有的土话点词序和汉语不一致，出现中心词在前、修饰词在后的现象，如"鸡公""牛牯"等，往往被视为古越语的底层现象。

此外，湘南土话语音面貌受粤语、平话的影响也较大，有些土话点词汇方面与粤语、平话相似度极高，有学者做过专门统计，这里不再赘述。同样，对于粤北土话的归属问题至今还没有一个定论，但与同为归属未定的湘南土话较为近似。有学者认为粤北土话是广西平话的扩展地区，也有学者认为粤北土话是在宋代赣语的基础上，混合了客家话、粤语、官话等的混合性方言。[7]

六、结语

语言接触过程也是语言的互协过程。语言（或方言）接触，对湘南粤北土话的影响是全面而且深刻的，在语音、词汇、语法方面都有体现，使其语音面貌的特征呈现兼收并蓄、高度混合的特点，这在全国各地的方言中是很罕见的，各土话点之间有着千丝万缕的联系，而又相互区别，组合成一个独特的方言联盟。

本章参考文献：

[1] 中国社会科学院，澳大利亚人文科学院.中国语言地图集[M].香港：香港朗文（远东）有限公司，1990：20-25.

[2] 鲍厚星.湘南土话系属问题[J].方言，2004（4）：301-310.

[3] 庄初升.粤北土话的音韵研究[M].北京：中国社会科学出版社，2004：336-344.

[4] 胡湘兰.论湘南地区民俗旅游的开发[J].湘潭大学学报（哲学社会科学版），2005（5）：174-175.

[5] 刘祥友.湘南土话语音的历史层次研究[M].北京：中国出版集团，2012：120-125.

[6] 罗昕如.湘南土话中的底层语言现象[J].民族语文.2004（1）：20-25.

[7] 牟廷烈.粤北土话和湘南土话文读的类推及其扩散[J].现代语文，2017（5）：123-127.

第九章 "互联网+"背景下濒危语言的保护与传承——以土家语为例

第九章 "互联网+"背景下濒危语言的保护与传承——以土家语为例

一、引言

在对湘粤边界土话的调查中,我们发现湘粤边界土话部分零星散布于湘粤交界地区,与当地同行的官话相比较,土话种类多样,内部差异也大;语音面貌复杂,方言演变迅疾;有的方言系属不明,研究不充分。湘粤边界土话区域里的部分土话分布范围狭小、使用人口少,如湘南土话中的单家土话,使用人口不足千人,受城镇化等各种因素的冲击,有的土话已失去自身的语音特点,如韶关土话,其交际功能日益衰退,有的土话有快速走向消亡的危险。濒危状态的土话日益增多,濒危土话的抢救性问题日益紧迫。下面笔者以土家语为例谈谈语言濒危的保护与传承问题。这些措施同样适于湘粤边界土话的濒危土话的保护。

二、从恩施土家语看濒危语言的保护与传承

土家语是土家族群众日常交际的重要工具,承载了土家族悠久的传统与文化,是土家族这一族群的重要标志。恩施地区土家族人口大约170万,占恩施自治州人口总数的45%。但是受到强势汉语的长期影响,恩施土家族地区群众兼用汉语,随着经济社会的不断发展,很大一部分土家族群众开始放弃土家语,进而使用汉语,土家语的前景堪忧。同时,经过实际调研发现,土家族地区只使用土家语而不用汉语的人多数是老年人,并且方言区也呈缩小趋势,由此可见,做好土家语的原生态保护工作具有重要的现实价值。[1]

（一）恩施土家语文化语言传承困境

恩施土家语当前处在濒危状态，这和土家语文化空间变迁有着密切的关系。一般来讲，土家语的文化空间是相对完整的结构体，其空间缩小，不管是涉及哪一主体的细微变化，都会影响土家语的发展状态。

首先，单语社会向双语社会的变迁。从单语社会向双语社会变迁，会影响到土家语原有的文化空间的属性。恩施土家族世代居住在相对封闭的地区，随着对外交流的发展，逐渐进入了双语社会，并且汉语使用人数呈上升趋势。[2]

其次，土家语中出现大量汉语借词。伴随着现代生产和生活方式的改变，科技在恩施土家族地区开始逐渐得到推广，土家族群众逐渐减少对环境的依赖性，交际圈不断扩大，尤其是随着对外开放程度的深入，大量先进技术传入土家族聚居地，与此同时，土家语系中的词汇不能满足现代交际需要，不得不从汉语中借用词汇，由此出现了一些汉语借词。比如，土家语中对自然界动植物有完善的命名体系，但是经过调研发现，现在能用土家语描述出来的人却非常少，有些年长者也只是有较模糊的印象，这主要是因为动植物的名称中，有一些已使用了汉语称谓。恩施土家族文化空间在自然属性上的变化，导致土家语词汇量减少，无意中降低了语言的使用频度。[3]

最后，土家语文化空间的社会属性出现显著变化。土家族生产生活方式主要是自然经济，这是由社会历史环境、自然环境等多种因素相互作用的结果。但是，随着交通、社会的发展，恩施土家族与外界交流不断增强，绝大多数的土家族群众开始外出务工，不再被土地所束缚。同时，土家语汉语文化空间社会属性也受到来自汉语文化空间扩散的影响，土家族在和外界开展互动沟通的过程中，汉语渐渐融入土家语文化空间，导致汉语与土家语在相互博弈的过程中，土家语的弱势进一步加剧了其濒危状况。

(二) 少数民族语言濒危的原因

根据 2004 年官方的统计数据，"我国使用普通话人口比例为 53.06%，用汉语方言人口为 86.38%，用少数民族语言交流的为 5.46%。而现在我国约 6000 万少数民族人使用自己方言，占其总人口的 60% 以上，近 3000 万人使用自己的民族文字。而使用汉语方言的人数占全国总人口数的 86.38%，使用少数民族语言的占 5.46%"[4]。

1. 以自身民族语言为母语的人口越来越少

徐世璇在《濒危语言研究》一书中指出，"中国大概有 120 种语言，但目前这 120 种语言近二分之一是衰退状态，几十种处于濒危状态。例如赫哲语，目前能用的只有本族的十几个 60 岁以上的老人，包括稍微能讲一些赫哲语的人，不超过 50 人；满语，现只有约 100 人能听懂，约 50 位老人能说；塔塔尔语，塔塔尔族总人口 5064 人，本族语的使用少于 1000 人……"[5]。

目前，我国这些濒危的民族语言大多都没有相应的文字，有的已失去日常的交际功能，只能靠少数老人来进行回忆，主要以山歌、传说等口头语言形式所展现，靠口耳相传，但语言代表着这个族群的记忆和悠久的历史。无论是语言本身的构成，还是语言的内在文化，都有其独特性和极其重要的价值，一旦消失，对人类文明和中华文化宝库都是非常重大的损失。正如徐世璇等撰文警示："几十年之后鄂伦春语将从我国的语言版图中消失，这是我们面临的一个严峻事实！"[6]

2. "英语热"席卷全国，少数民族语言受到一定的冲击

我国是一个拥有 56 个民族的国家，每个民族的语言都是非常珍贵的财富。而随着改革开放的推进，中国入世贸，面对全球化，与世界联系

更紧密，外语人才的供不应求，尤其是出国热和各种英语考试及职务职称晋升的关键作用，我国民众的英语学习热情一直处于高涨姿态，"英语热"弥漫全国。如某些学校的学生用英语唱国歌，一些小学先教英语再教汉语，母语让路于外语。除了此种情况，我国许多少数民族语言也处于濒临灭绝状态，主流媒体的去方言化现象严重，孩子们会英语会普通话，却听不懂也不会说自己民族的方言，失去了民族的归属感。全球各地都在大力保护本民族语言文化，我们却在狂热追逐外语、丢弃民族语言，与国家语言发展战略反其道而行，违反了《中华人民共和国国家通用语言文字法》，这是极为错误的。

3. 人口流动对少数民族语言的冲击

随着我国城市化进程的推进、人口流动速度加快。而且由于人口的流动，两个不同方言的人组成的家庭，之间的交流因彼此方言的不通，双方开始使用普通话作为交流的主要语言。少数民族语言在家庭语言的范围越来越窄，甚至在民族地区人口流动大的地方，较多父母考虑孩子的升学、求职等方面的发展，主动寻找汉语学校学习，导致这些少年儿童开始不接触或者很少使用民族的母语，家庭生活交流将汉语作为家庭语言，导致使用方言能力下降。

人口结构变动，方言区人口塌缩，其他方言区人口"倒灌"。到全国各大中城市谋业求职的少数民族同胞，为快速适应和融入当地社会，主动将汉语作为其交际的主要语言。迁徙的人群在新的扎根地并没有学会当地的方言。如很多在深圳的外地人虽然在深圳生活了十多年，却仍然没学会当地方言。少数民族语言在地域上和范围上不断缩小。例如"云南瑞丽，最开始将傣语作为通用语，改革开放后，汉语成为各民族如景颇族、阿昌族、傣族等民族的通用语。另一方面，这一代成立家庭之后不会再使用民族语言作为家庭生活的主要语言"[7]。

第九章 "互联网+"背景下濒危语言的保护与传承——以土家语为例

(三) 原生态恩施土家语的文化传承

一般来讲,语言承载了思维,其结构在一定程度上展示了思维的结构。恩施土家语是土家族群众所共用的语音符号,是在长期的历史发展进程中,土家族群众一同协作基础上由于需要才产生的,其藏于说话人的潜在意识中,这对土家族整体产生影响,影响到了人的思维形式以及语言行为。同时,土家族只有语言并无文字,文化传承主要是依靠口头传授来完成的。假如土家语消失,就会给土家文化造成巨大损失。如果原生态的土家语消失,使用汉语,就是丧失土家文化的独立性。[8]

恩施土家族独有的"摆手舞""哭丧歌""梯玛神歌"等代表了土家族传统文化事项,既是世代传承的舞蹈艺术,也蕴含了深刻的宗教与军事理念价值,是土家族典型的艺术样式。"哭嫁歌"是记录土家族生产、生活的百科全书,涵盖了生活的多个方面,表现出较高的社会学价值与文化价值。再如,恩施土家族有代表性的原始舞蹈"茅古斯舞"是戏剧的雏形,不仅透过舞蹈能再现生活中的情节,还具有道白,被称为戏剧界的"活化石"。因此,恩施土家语原生态的文化保护与传承,有利于实现文化的延续。

(四) 原生态视角下恩施土家语保护模式建构

1. 重视原生态恩施土家语的传承价值,建立原生态语言保护区

(1) 重视原生态恩施土家语的传承价值。土家族的发展与振兴,是和土家语繁荣有机结合在一起的。土家语是土家族文化的代表,展现土家族悠久的历史。土家语是土家族文化发展历史上的重要环节、表现形态,因此,全面认识土家族文化的发展轨迹和时代文化特点,就需要从认知土家语开始。土家族语言和原生态文化展现了土家族文化的发展过程,涵盖了土家族整个发展历程中的大量信息。土家族文化的内容、形

态以及流变，在具体情况下是与土家语密切相关的，但这主要是和土家族起源、心理发展、特点等有关，比如土家族的原始歌舞，能够展示土家族历史发展的变迁。[9]再加上土家族内容丰富、数量众多的民族史诗，也能展示土家族发展的历史轨迹，史料价值高。因此，全面认识原生态土家语是文化延续载体的价值，才能为土家语的原生态传承奠定坚实的语言传播基础。

（2）建立原生态语言保护区。要全面做好土家语的原生态保护工作，基础是要营造有利于土家语使用与传播的环境。假如土地区能使用土家语进行交流的土家族人大部分是80岁以上的，80岁以下的苗语能力基本消失，从这里也能看出，土家语的生存环境受到威胁。所以，做好土家语的传承与保护工作，需要构建利于土家语使用的土家语原生态保护区。具体来讲，需要从以下几个方面出发：

首先，政策层面大力支持，成立土家语保护机构。土家语是土家族人的精神财富。随着当地城镇化的深入推进，各民族交往和融合逐渐密切，普通话的推广范围慢慢变大，土家语作为日常交际工具使用的人口数量在逐渐下降。面对土家语的汉化、退化等现象，需要从政策层面给予大力支持。恩施各级负责语言文字推广的机构，需要制定适宜当地土家语推广的政策，并根据土家语调研的实际情况，多出台一些鼓励性政策，激发土家族群众对保护并传承苗语的积极性。[10]此外，还要成立土家语保护机构。土家语是恩施土家族人民的母语，是进行日常交际的重要工具，是土家族文化的载体。特别是在土家语使用人口数量下降的情况下，更应该提升土家族群众对母语认同感，提升对土家语的自信力，建立专门针对土家语保护的机构，具体负责推广土家语，落实好制定的土家语推广政策。[11]

其次，营造土家语文化空间社会氛围。考虑到恩施的土家族聚居群众也相对集中，倡导在聚居地内的民族使用土家语来进行交流，真正为土家语的传承营造一个好的语言环境，维系土家语的原生态性，营造良好的土家语文化空间氛围，提高民众文化自觉理念。文化空间本身的整体性、多元性，决定了任何一个单一性的措施，都不能发挥对濒危语言的保护效能，还需要多方努力。随着非物质文化遗产的不断推进，随着土家族群众与外界交流的深入，民族固有的意识逐渐觉醒，激发了民族文化自觉意识，全面提升了土家族群众对民族文化的重视程度。土家语积淀着土家族的历史与文化，展示了土家族的思想情感与思维模式，对全面提升土家族的民族凝聚力与认同感将发挥重要作用。同时，土家族群众对土家语有着天然的情感。借助形式多样的交流会、文化节和现代媒体等多种形式，让恩施土家族群众能从不同方面去了解土家族文化，激发对土家语的民族情感，能站在未来发展的视角去对待土家族语的未来发展，提高对土家语传承的忧患意识，将保护与传承作为己任。一般来讲，要让广大土家族群众养成使用土家语的自觉，不仅需经过长期的发展，还需让土家族群众全面认清土家族文化的特殊性，做到在多元文化建构的氛围中，能了解土家语发展的现状，借助文化适应、自主适应等方式，建立土家语发展的生态圈。在民族情感觉醒后，就会深刻反省土家语生存情况，进而形成土家语原生态保护的空间。

2. 凸显"语言市场理论"正导向效应

语言学者布尔迪厄的"语言市场理论"指出，语言市场理论体现的是语言在社会互动的过程中开展的交换，其并不能简单地认定是进行交换的中性媒介，也具有象征价值，语言的用法受到评价，对语言权利分配起到支配作用。通过语言市场理论发展，语言权利分配主要是由经济地位决定，在土家汉两种语言进行接触的过程中，土家语处在低威信状态，假如这一状态不能很好改变，土家语在和汉语开展长时间接触过程中，土家语结构与使用功能会出现弱化。在开展土家语保护过程中，需要花大力气提升土家语的地位与威信。因此，需要从恩施土家族独有的旅游资源出发，抓住发展旅游业的良好契机，开发利用好土家族的文化资源，与土家语相结合，大力进行文化资源建设，建立语言文化旅游模式，从语言和文化之间的互动来讲，语言为文化载体，文化也推动语言发展，土家族族群的保护与传承苗语的主体，对土家语要实现文化自觉。[12]著名学者费孝通指出，文化自觉指生活在特定文化中的人来对文化有充分了解，明白来历，逐渐形成一个过程，所具备的发展趋势，并不是文化回归，而是为突出文化转型的自主力，获得适宜新时代与环境的文化主体地位，这对土家语文化的保护与传承具有启发性的意义。在恩施土家族聚居地将苗语作为媒介来举办苗族文化艺术节等活动，创建具有土家族文化特点的旅游村与风情园，让土家族在开发旅游过程中，能全面体会到苗族文化特色，在实现现代文化转型过程中，提升土家语的生命力。土家族聚居地旅游活动属于跨语言的交流活动，旅游者的语言和苗语形成独特的生态系统，全面利用独具土家族特点的舞蹈、歌曲或者是模仿秀等节目，让旅游者能真正体验并参与到土家语的传播中。[13]比如，土家族的传统歌曲哭丧歌等，再现了土家语；利用土家族的传统舞蹈"摆手舞"等来演绎土家语的文化魅力。在实现全面提升恩施地区经济发展水平的同时，也能够让土家族群众全面感受到土家语本身潜在的经济与社会价值，进而提升对土家语的语言认同与社会声望。因此，必须着力发展土家族聚居地的经济，提升经济效能，发挥语言市场理论的正导向作用。

3. 以土家语田野调查为契机，奠定当代土家语的发展之基

全面深入土家族生活聚居区，开展土家语的调查研究，全面挖掘土家语发展史，进而让土家族群众能全面了解土家语的社会发展史以及体会到语言在土家族文化发展历程中的重要地位，实现土家语语料的档案

化与书面化。虽然当前对土家语采取了一些抢救性的保护措施，土家语的存在和发展也取得了一定成绩，但是也不得不考虑土家语在发展与传承过程中面临着消失、同化等情况，未来发展令人担忧。土家族的原生态文化是通过土家语来传承的，比如山歌，如果土家语消失了，以土家语作为载体的山歌等原生态文化就会随之消失。

土家族原生态文化的消失是和土家语的存在形式有机联系在一起的。土家族的原生态文化主要存在民间，很多是依托口传心授，这一传承方式导致一些原生态文化因为传承人的消逝而失传，这些并不像文字那样，通过文字记录实现长久保存，但因为土家语问题导致原生态文化消失的情况较多，这也使得在拯救原生态文化时，要注重将无形化成有形，使用现代技术来保存原生态文化。比如，对土家语的社会文化特点展开全面系统地分析，强化对土家语及土家语方言的变异材料进行搜集、整理和研究。录制土家语的音频，要借鉴使用现代多媒体技术等现代手段，保存土家语中的民间文学等。在具体操作方面，对土家语中的原生态文化做好抢救性保护工作，奠定土家语保护现代转型基础，有利于实现土家语保护的现代转型。

（五）原生态视域下恩施土家语发展的未来审视

每一个民族都对本民族有浓厚的情感，具有强烈的民族自尊心与民族意识，而民族语言则是维系民族意识、有效沟通民族情感、激发民族信心的有效工具。假如一个民族放弃了其本民族语言而学习其他民族语言，充分表明该语言已经被同化，因此，在土家族群众中，有必要加强对土家语的宣传力度，利用网络等现代手段，做好土家语的宣传工作。创建以土家语文化为中心的文化网络，全面丰富土家族网络文化。此外，互联网的发展让软件开发创新应接不暇，可以通过制作土家语发声软件制作土家语系统，将日常语词、对话录入软件内，通过点击鼠标就能学习土家语，这也能从一定层面积极调动人们学习苗语的积极性，通过软件实现自由下载、传播，建立土家语聊天室，使土家族人能通过网络学习，通过现代手段创建苗语语料库，并根据土家语的发展情况，进行实时更新，这样通过互联网这个载体，加快土家语的传播速度，丰富土家族群众的精神文化生活，为其学习土家语打造新的平台。[14]因此，利用网络等现代手段做好苗语宣传工作，构建"互联网+"时代的土家语传承的新机制，做到了与时俱进，有助于提升传承效果。

总之，土家语作为苗族群众日常的交际工具，是土家族文化的重要载体，更是彰显土家族族群的重要标志，但随着改革开放的逐渐发展，闭塞的土家村寨与外界接触慢慢多起来，土家语交际范围变大，土家语认同受到一定干扰，因此，做好土家族语言原生态的保护与传承工作，强化对土家语的认同，有助于实现土家族的健康发展，同时也能激发土家族群众的自豪感，传承土家族精神。所以，做好湖南苗族语言的保护与传承，不仅需要全面认识苗语的重要价值，构建苗语文化生态保护区，也需要提高苗区经济发展水平，发挥"语言市场理论"的正导向作用，还要做到接地气，做好苗语的田野调查工作，奠定土家语保护现代转型基础，构建"互联网+"时代的土家语传承新模式，从整体上提升恩施土家语保护与传承水平。

三、"互联网+"的精神与理念

我国政府对各民族的语言政策是"各民族都有使用和发展自己语言文字的自由"。我国有56个民族，除汉语外，在使用的少数民族语言有110多种，但是随着经济社会的发展、人口流动大等原因，部分民族地区的语言濒临失传，甚至灭绝。新时期，"互联网+"深入社会生活的方方面面，为民族语言的传播和保护带来新的机遇，需要我们的创新工作方式，转变思想观念，善于用科技手段，保护和传承濒危民族语言，发挥民族语言的政治效益、经济效益、社会效益。

"互联网+"主要是指利用现代数字网络技术，利用互联网、卫星以及电脑、智能手机、数字电视载体，易于保存和传播的一种新时代"记录本"。随着2015年"互联网+"写进政府工作报告中，辐射式地在全国刮起了"互联网+"传统行业之风，深挖其精神和理念，对我们保护和传承濒危民族语言也具有重要意义。

（一）"互联网+"的精神

1. 开放

开放性是"互联网+"的首要精神，就是互联互通。通过"互联网+"可以面向全社会，低门槛，任何群体均可以进入，不受学历、性别、年龄、民族的限制，各族群众都可以充分利用网络资源，获取各种所需信息，更便于为自己服务。

2. 合作

合作就是实现各行各业向"社会时代"的转变，充分发挥各自优势，做自己能做的，然后大家集成，降低成本，提高效益。换句话说就是以此发挥大家的优势，整合各方资源并实现资源共享，实现互联互通。

3. 共享

"互联网+"的共享精神包括信息数据的分享、数据信息低门槛使用、惠及面广等。在"互联网+"背景下，利用大数据平台实现近于零的边际成本事物发展，使得个人到人、群体之间的信息分享成为可能。我国各族人民可以广泛使用免费的虚拟资源。在免费分享信息数据的基础上，惠及广大受众，同时也实惠了自身，这又成为互联网精神的又一重要内容。

(二)"互联网+"的理念

首先,"虚"与"实"的互通。换言之,在有形空间和无形空间的各自内部是联通的,无梗阻。由传统实体产品与经营到现在的网络虚拟产品与经营的转变,不仅可以使有形产品和无形经营间实现串通,更是虚实的连通。其次,传统时空限制被打破。现在,用户利用终端软件基于移动互联网,使数字化优势互联网信息源得到发挥,凭借其信息传播的快和准,利用信息传播的瞬时性,人们之间的联系不再受时空约束,用户之间交流的更是不受时间和空间的限制。为实现彼此的联系与交流,用户可以通过网络社区、手机、电子邮件和电子商务平台等平台,快速地获取来自不同地区的网民对自己的疑问的解答。再次,利用大众的力量。过去,信息和资源掌握在少数人手里,只能发挥掌握信息源的部分群众力量。而现在信息和资源被大多数人所使用和掌握,有专家、业余人士,发挥大众的力量能够滴水成海,拓宽信息资源的利用和传播布局。

综之,根据"互联网+"的精神与理念,将其引入濒危少数民族语言的传承与保护,创新保护工作思路、方法,利用"互联网+"这个平台,实现濒危少数民族语言的保护战略,更好地为当地民族群众所服务,更好地保护少数民族语言并且将其传承,推进少数民族语言的有序化、规范化,拓宽少数民族语言的使用范围,促进民族地区的繁荣与稳定。

四、"互联网+"背景下濒危少数民族语言的保护与传承

(一)"互联网+"给濒危少数民族语言带来的机遇

互联网的发展和虚拟世界的建构,突破了传统民族的时空界限,使各民族之间的交流和沟通更密切。更是由于广播、电视、网络及移动通信等不断深入各族群众日常生活,为群众生活提供了诸多便利。而利用"互联网+"这个平台,可以将濒危的少数民族语言突破原有的文字版

第九章 "互联网+"背景下濒危语言的保护与传承——以土家语为例

本,转化成音频和影视加以保护和记录,也可以利用"互联网+"进行传播和学习,利于对其的传承和发扬。可以说,"互联网+"为濒危少数民族语言的传承和保护迎来了"春天"。

第一,互联网凭借其无形化、互动性、多元化的特点,对传播濒危少数民族语言提供了技术可行性。濒危少数民族语言在移动互联网信息技术的支持下,将其语言网络化,使其文字变成电子版本,利用计算机网络和广播、电视、手机等载体,在当地及其他地区促进本族群方言使用和传播。目前只有"藏文、蒙古文、满文、彝文、西双版纳傣文、锡伯文、傈僳文、德宏傣文等8种少数民族语言文字"[15]能用电脑处理。各级政府更应该推进农村尤其是边远地区的互联网基础设施建设,加快新媒体的建设和媒介培养,以至在各民族区域内,可以凭互联网新媒体载体,促进本族语言的传播和发展,更好地促进濒危少数民族语言交流和传播,实现保护和传承濒危少数民族语言的目标。

第二,"互联网+"为濒危少数民族语言的保存与保护提供技术支持。可以利用互联网技术,建立关于濒危少数民族语言的音频和影视数据。实地调查濒危少数民族语言,采取样本,通过辅助工具和其他软件,以多媒体形式录制有声甚至有人语料,经过转写、标记等加工程序进行保存,匹配必要的国际音标和汉字进行广泛传播并整理,弄成数据库并保存。互联网技术的发展,为濒危少数民族语言调查、保护和传承提供了可靠的保障。

"互联网+"的推行,提高了本族群众语言保护的自觉性。"互联网+"行动计划的推行,更要求突破时间、空间、民族的限制,促进各民族尤其是人口数较少的民族使用其本族语言的自由,同时为濒危少数民族语言的传播提供广大的空间和绝佳的机遇。将"互联网+"与濒危少数民族语言通过互联网新媒介,可以促进少数民族民众自觉地保护和传承本民族语言的文化。在"互联网+"行动计划的推行下,自觉传承并促进各少数民族语言的发展。

濒危语言从语言发展的社会历史视角来看是无法复活的，因此要借"互联网+"的东风，利用互联网技术支持，避免少数民族语言的流失。

（二）"互联网+"背景下保护和传承濒危少数民族语言的对策

随着互联网、物联网、大数据、云服务深入社会生活，为濒危少数民族语言的传承和保护带来了新的机遇。如何利用"互联网+"这一计划，保护濒危少数民族语言，专家学者从不同的学科和视角进行了广泛研究。至此，笔者从以下三方面对濒危少数民族语言的保护和传承进行思考：

第一，建立"互联网+濒危少数民族语言"数字化数据库。

互联网技术的变革影响着我们的生活，改变了我们的生活方式，也为建立濒危少数民族语言的数字化数据库提供了新的技术支持。数字化数据库主要包括少数民族语言的音频、影像资料。国家语委提出建立数字化数据库，"旨在用现代信息技术将中国各县域的语言实态（含方言和普通话）记录下来，永久归档建库保存"[16]。利用"互联网+"收集原生态的濒危少数民族语言数字化数据库，是保存少数民族语言有效、科学的方法。国家语委可以联合国家民委向高校及少数民族的科研院所开放更多的少数民族语言研究课题，摸清濒危少数民族语言的具体情况，要求课题负责人进行某一濒危少数民族语言的收集和整理。同时，各级政府也应该高度重视民族语言的传承与保护工作，制定相应的战略举措，加强保护和传播。

"互联网+濒危少数民族语言"数字化数据库的建设可以突破纸质文字记录的误差，可以最大限度地记录少数民族语言信息的完整性，实现最原始化的保护，防止数据信息丢失，实现永久化保存少数民族语言。濒危少数民族语言数据库，通过网站、移动终端、开放的数字平台等，

第九章 "互联网+"背景下濒危语言的保护与传承——以土家语为例

发挥少数民族语言有声数据库的重要价值。

第二，实现"互联网+濒危少数民族语言"文献数字化服务。

实现濒危少数民族语言数字化服务，就是对少数民族语言文献内容实现数字化，将原有的少数民族语言的文本进行数字化整理，并在更多的媒介中实现数字化阅读。将少数民族语言文献转成数字出版物后，可以在智能手机、平板电脑等终端设备上呈现，甚至国家语委及国家民委可以建设各少数民族语言的APP，使少数民族语言服务明了化。这是对少数民族语言数字化信息处理提出新的要求，少数民族语言置于智能手机界面，利用手写和语音识别等发挥少数民族语言的作用。目前"构建少数民族文献数字化平台要利用HTML5和Android技术，又是少数民族语言文献信息化的重要课题"[17]。通过各种APP的开发访问和应用，在网络环境下进行少数民族语言的检索、查询，促进少数民族语言宽领域多角度的应用。

"互联网+"的大背景下，各个少数民族的文献保护和传承对本民族文化有着重大意义。濒危少数民族语言的民族文献，利用互联网、移动终端、微博和微信等各种平台等，大范围、大力度地向受众开放数据信息服务，使其得到充分利用，进而促进本民族地区的使用和推广，为从事少数民族研究的人员提供精细化服务。

第三，建立"互联网+濒危少数民族语言"的共享平台。

互联网的发展是一个不断更新变化的概念，不断涌现新的形态。越来越多的少数民族使用本民族语言界面手机进行交流和通信。那么如果将"互联网+"这个大数据平台的信息技术和数字化技术充分运用于濒危少数民族语言保护和传承中，建立共享平台，广泛传播濒危少数民族语言，深入传承和发展少数民族语言。

"互联网+"时代，个体与媒介的有效融合，每个个体都可成为本民族语言的发布者、发言人和传播者，这就缩小了少数民族文化语言交流的时空距离。特别对于地处偏远、信息欠发达的民族地区，更有利于其交流传播，加强了其共享传播的步伐。在一定程度上，调查和搜集偏远地区原生态资料的不便也大大降低。例如，"双微"时代的到来，将这种交际功能更进一步发挥。信息的发送者和接收者可以是每个用户，双方的沟通通过这种新媒介得到增强。通过互联网、智能手机，少数民族语言文字的信息处理得到保障，本民族文化语言的传播得以实现。共享平台的建立，能够使人们更好地对濒危少数民族语言进行检索，以有效保证民族间语言文字交流，优化民族语言文字信息资源，扩大受众群体。这也有利于学界跨学科的研究和交流。

本章参考文献：

[1] 向会斌.从语言生态学视角看我国少数民族语言的保护与传承 [J].韩山师范学院学报，2014，35（5）：76-80.

[2] 秦廷斌.土家族语言的现状与保护研究 [J].德宏师范高等专科学校学报，2011，20（4）：65-67.

[3] 邹晓玲.民族语言与民族原生态文化的保护和传承 [J].语文学刊，2008（11）：128-130.

[4] 中国语言状况调查指导小组办公室.中国语言文字使用情况调查资料 [M].北京：语文出版社，2006：147-154.

[5] 刘易.社科院专家透露我国有几十种语言处于濒危状态 [N/OL].北京娱乐信报，http：//news.sohu.com/2004/02/23/62/news219166255.shtml.

[6] 谭克让，麦克康奈尔.世界的书面语：使用程度和使用方式概况（第四卷·中国，第二册）[M].魁北克：拉瓦尔大学出版社，1995：155-158.

[7] 高红娜.论社会转型期少数民族语言的保护与发展 [J].贵州民族研究，2015，36（10）：198-201.

[8] 霍晓丽，谭志满.土家语保护和传承的文化空间研究 [J].长江师范学院学报，2013，29（4）：5-9.

[9] 熊英.从土家人的语言态度看土家语濒危——坡脚土家语个案研究之一

[J].湖北民族学院学报（哲学社会科学版），2005，23（4）：4-8.

[10] 李锦芳.中国濒危语言研究及保护策略[J].中央民族大学学报（哲学社会科学版），2005（3）：113-119.

[11] 苏金智.中国语言文字使用情况调查中的双语双方言问题[J].外国语言文字应用，2001（2）：50-51.

[12] 陈默.土家语"濒危"因素探析[J].临沂师范学院学报，2005，27（5）：55-58.

[13] 陈廷亮，黄天勤，彭英子.土家族语言传承的断代与拯救——湘西土家族苗族自治州土家·汉双语双文教学试点调查[J].中南民族大学学报（人文社会科学版），2011（6）：49-54.

[14] 许琛.湘西土家族苗族自治州土家人对土家语的语言态度研究[D].湘潭：湘潭大学，2013.

[15] 冀芳.新媒体时代下少数民族语言保护和传承策略研究[J].编辑之友，2014（10）：69-72.

[16] 李宇明.论中国语言资源有声数据库的建设[J].中国语文，2010（4）：356-363.

[17] 任柯.HTML5构建Android少数民族文献数字化平台研究[J].西南民族大学学报（自然科学版），2013，39（5）：846-850.

附录　乾嘉学派对现代语言研究的启示

　　中国清代的学术流派"乾嘉学派"于乾隆、嘉庆两朝（1736—1820）闻名遐迩，电照风行，也被称为汉学、朴学、考据学派。乾嘉学派的繁荣期间，乾嘉学者重视文字、音韵、训诂，适逢语言现代观念的产生。其时乾嘉学派蓬勃发展，现代语言则是在乾嘉学派对语言典籍研究的基础上方兴未艾。乾嘉学派与现代语言有着非常紧密的关系，乾嘉学派中的文字、音韵、训诂研究实质上可以归纳为对语言的分析。乾嘉学者在极大程度上对语言（尤其是对文字）的关注，在客观上给现代语言的研究带来了许多有益的启迪，其中最卓越之处莫过于：发现了语言演变是有规律的，这一发现比西方早一百年。

一、乾嘉学派的研究特色

（一）乾嘉学派产生的背景

　　清朝统治者一边实施文化高压政策大兴文字狱，一边实施羁縻臣民政策开设博学鸿词科，以推进乾嘉文化繁荣。最先从社会现状上分析，清朝统治者从顺治帝开始为了巩固政权，维护封建专制统治，用大兴文字狱的方式迫害发表不利于自己的思想言论的学者，让学者们不敢谈论有关朝政的内容。在高压文化政策下，学者都对朝政之事缄口不言，以至于学者为了自己能有置锥之地，把自己大量的时间和精力花费在对古代典籍的整理上。清朝诸学者厚古薄今，经史考证逐步成为清朝学术的前进路径。

清朝统治者在大兴文字狱的同时，实施羁縻臣民政策。清廷重开科举考试，不仅开设了博学鸿词科，还积极组织各类文史典籍的编纂，为学者留下一席之地，同时为学术发展提供了良好的社会环境。惠栋、戴震、王念孙、王引之、钱大昕等学者经过共同奋斗，复兴了汉学，渐渐产生了以惠栋为首的"吴派"和以戴震为首的"皖派"为主的乾嘉学派。

接着从学术文化自身发展上分析，可从章炳麟所言"清世，理学之言，竭而无余华；多忌，故歌诗文史梏；愚民，故经世先王之志衰。家有智慧，大凑于说经，亦以纾死，而其术近工眇踔善矣"[1]中彰明较著。宋明理学历经数百年累积，直至清朝，已经渐趋衰竭，但是因其发展前景不好，并且慢慢滋生弊端，中国学术要想得到进步，势必要另求出路。不过受时代水平限制，宋明理学已是在清代思维水准线上能衍生的最好学术形态。明末清初，以黄宗羲、王夫之、顾炎武为代表的学者提出经世致用，乾嘉时期学者们在经世致用的基础上取其精华，去其糟粕，不断推陈出新，开创了朴实的新学风，同时重视考察和博求实证的朴实学风也在乾隆、嘉庆两朝中达到顶峰，由此出现如戴震、惠栋、王念孙等著名学者。

乾嘉学派在清朝社会安定、资源丰厚、文化繁荣的大前提下，才有条件去进行语言研究。优秀的社会环境会让语言的发轫进行升华，这句话用在清代的语言研究上是再合适不过的了。康乾盛世的稳定局势为学术研究的进步构建了一个良好的社会环境，这也进一步促进了乾嘉学派的蓬勃兴盛。乾嘉学派在语言研究上展露出百花齐放的佳景，以研究传统语文学为主的语言研究逐渐盛行。

（二）乾嘉学派的研究态度和文风

考据被乾嘉学派用作主要的钻研学问的策略。乾嘉学派的学者受清代统治者实施的文化政策——大兴文字狱影响，不敢乱议朝政之事，于是把自己的精力更多地投入到对前人理论的整理和编纂上。虽然说考据在乾嘉学派之前就有出现，但以清朝作为分界线来看，前朝前代的学者对待考据并不重视，他们大多是泛泛而谈。直到清朝，由于社会现状和学术自身发展的要求，乾嘉学派学者才逐渐形成求真务实的态度和朴实简洁的文风。为追求文字的真实性和可靠性，乾嘉学派许多学者对于方言文字都是以繁为贵，一字的偏旁、音训的考证动辄千言。

乾嘉学派的学风：精神实质就是讲证据；崇尚以古书为引证，有厚古薄今的文化倾向；乾嘉学派认为单一的证据不能成为确定的内容，没有对单一证据的反证，姑且可以保留，若在后来有续证来证明它，那么就可以信任这个证据，反之有对单一证据的反证的话，就要摒弃这个证据。他们认为隐藏或者歪曲证据的视为不道德的行为；同样的抄袭以前的说法和做法没有作为引证而是直接用于己用也是不道德的行为；独立成篇的文本体裁贵在朴实简洁；用难解答的问题质问对方和追问都不用去避讳自己的老师，但是要在本问题的范围之内去问，并且有不同的意见在辩诘的时候要注意尊重对方，以谦虚和善与求真务实的态度去谈。

以戴震为代表的乾嘉学派学者创立了清朝的朴实治学风尚的开端，乾嘉学派也确立了所有清朝语言研究的古朴传统，这也为实现乾嘉学派语言研究的突破提供了最根本的保障。

乾嘉学派求真务实的态度和朴实简洁的文风为现代语言研究的优良作风的塑造有非常大的影响，对现代语言学家也具有很强的借鉴意义。求真务实的态度在现代语言研究中的具体表现，就是要紧跟时代步伐，推进现代语言文字的规范化、标准化。要厘清现代语言的基本特点，紧扣现代语言性质的基本规律，在研究中要将现代语言的"功能性"和"人文精神"融合在一起，真正做好以提高科学文化素质为关键和服务社会为宗旨的现代语言研究工作。

二、乾嘉学派对现代语言研究的影响

语言是人与人之间进行日常交流所使用的一种工具，语言一词随着人类社会的出现而产生，古代语言主要分为文言和古代白话。围绕古代语言典籍，研究字音、字形、字义的学科将其称为传统语文学，现代语言学也是由传统语文学演变而来。语言实质所包含的内容是纷繁复杂的，是对地域文化和社会差异的高度概括。语言不是一成不变的，人们由于所处的地理环境的不同会造成所说的语言内容和方式的不同，甚至同一地方的人所说的语言会受自身地位、思维水平等的限制而呈现出不同。现代语言实际上是对古代语言的继承和在古代语言的基础上的演变，因此乾嘉学派对现代语言的影响表现在许多地方。

清代时期乾嘉学派研究的内容十分丰富，例如考释历史地理、文字学、音韵学等等。也正因为乾嘉学派研究的对象上至天文地理，下至各朝规章制度的细节，覆盖范围广，收录典籍丰富，以重证据罗列而少理论发挥为特点，所以在对语言的文字、音韵、词汇等的编纂中更显其真实性。乾嘉学派学者反对宋明理学好发空论言之无物的弊病，步上从书籍上摸索各式"疑难杂症"的解决办法而进行考据的务实道路，因此在对语言的收录中与实际所使用的语言会有差别。乾嘉学派通过文字、音韵来判断和了解古书的内容和含义，为语言中的文字、音韵方面奠定了坚实的基础，也推动了现代语言的发展。

（一）乾嘉学派与历史比较语言学语言观的对比

语言是文化的载体，研究语言就不得不涉及语言观，要知道语言观念的不同就会导致语言方向和内容研究的不同。人们从事语言研究的目的、对象和方法由语言观决定。语言是人思维内容的反映，而人又具有独特性，同一地区的人由于自身的思考模式、行为水准以及在社会关系中所处的位置等的不同或由于不同地区造成的地区文化差异，不同地区的人所表现出来的语言方式和内容也会有一定的差异。

乾嘉学派以考据为主，用理论证实理论的方式记录历史。由此可见，乾嘉学派的价值观是非功利性的，他们普遍认为语言的价值不只存在于语言本身，表现在乾嘉学派探求语言中文字的字音、字形、字义所表现出来的意义不只存在于文字本身，研究方法自然也是采取字音、字形、字义三者相结合，相互论证的方式。这种非功利性的语言观念和音、形、义三者互相佐证的语言观在乾嘉学派诸多学者身上均有体现。如段玉裁在《说文解字注》中谈道："圣人之造字，有义以有音，有音以有形。学者之识字，必审形以知音，审音以知义。圣人造字，实自象形始。"[2] 段玉裁的这段话中，"音"的意思是语言，"形"的意思是形体，"义"的意思是客观事物。我们可以得知，客观事物依靠语言来描述，语言又依靠文字的形体记录。学者要认识文字，就要明白语言是音义结合的道理，也就是说语言的词是表意的。起初先要有一定的意义，再与语音结合形成语言符号，这就是"有义以有音"。反过来，先有语音再结合的意义还不能形成语言符号，也不能形成词语。总的来说，文字有表音的部分，并且用来记录客观事物，本质在于表意。段玉裁秉持的字音、字形、字义相互依托的语言观，为现代语言中的同源字、联绵字、通假字等研究提供了理论基础。段玉裁以语言学理论观点为依据从整体上分析语言文字的音、形、义，并提出语言是有规律的。

法国语言学家梅耶曾在《历史语言学中的比较方法》中谈道："一种语言只要是孤立的，就没有历史可言。"[3] 又谈道："任何语言都包含三个不同的系统，彼此之间有一定的联系，但是大体上这三个系统可以各自独立发生变化。这三个不同的系统就是：形态、语音和词汇。"[3] 在历史比较语言学家梅耶的眼中，语言是一种非功利性符合社会需求的行为，同时梅耶将语言作为历史文化的载体，他认为有什么样的历史文化，就会产生什么样的语言。除此之外，梅耶致力于从形态、语音和词汇三个角度进行比较研究来建立语言史。

由此可见，乾嘉学派和历史比较语言学的语言观都有一个共性就是把语言看作文化的载体，同时也把语言作为研究社会行为的工具，这为现代语言观提供了理论基础。无论是乾嘉学派文字三要素互相依托的语言观，还是梅耶语言三系统相互联系的语言观，都体现出了语言演变的相关性，意味着语言在演变过程中各要素彼此之间是互相作用，一同发生变化的，而不是孤立存在的。

（二）乾嘉学派的传统语文学建树为现代语言留下了汗牛充栋的语言典籍

事实一再证实，学者在文化进步发展中最能感受到所处时代的敏感性，这样的感知会让他们发挥主观能动性，自觉承担起历史责任和使命。一代学者有一代研究成果，乾嘉学派的学者也肩负起语言研究的重担，并做出了重大贡献，这何尝不是众所周知的一个历史事实呢。

语言的概念在《汉语方言学基础教程》中有一段简明扼要的论述："语言是由语音形式和语义内容约定俗成的语言符号根据语法规则按照语用需要构造而成的复杂的开放性层级系统。"[4] 语言可以分成语音、词汇、语法三大类，语用需要实际就是指人们的日常交往需要，主要体现出语言的三大功能——交际功能、认识功能和文化功能。人是生活在社会群体中的，就免不了要进行沟通交流。人要想在自然界中生存，光靠一个人是很难延续下去的，生命的延续要靠血脉传承，人与人相互间的关系以语言来延续。有了语言，存在于社会中的人才可以传达和共享讯息，一同生存、制造和争斗。语言的社交性值得注意的是，它对于全体社会成员来说是统一的、共同的。语言同样地为社会一切阶级服务，它没有阶级性。任何阶级都得遵守社会的语言习性，谁都不能垄断。人们可以通过语言文字认识世界，不同地域的语言承载着不同的风俗民情。

现代语言学和传统语文学时至今日仍存有密切的关系，传统语文学可以说是现代语言学的雏形，是在历史的长河中继承和发展传统语文学，使其向现代语言转变。一部经典的地方志著作就能很好地研究一个地方的语言，而现代语言研究的很多素材多数来源于语言典籍。乾嘉学派对于现代语言研究的影响是不可估量的。乾嘉学派为了保证典籍的正确性，用求真务实的态度和朴实简洁的学风去编纂，这也弥补了古代语言典籍不实或者不可考据的缺陷，为现代语言学家的研究提供了方便。

戴震的《方言疏证》成为中国现代语言研究的奠基石。

"方言"一词最早可追溯到西汉扬雄（公元前53—公元18年）的《輶轩使者绝代语释别国方言》一书。此书是中国第一部汉语方言著作，也是世界语言学史上第一部比较方言词汇的专著，为现代语言研究打下了坚实的基础。最早对此书进行注解的著作是戴震的《方言疏证》。戴震查阅古书典籍，重视证据，用以书证书的方式编纂出的校本《方言疏证》是研究传统语文学的经典之作。

戴震《方言疏证》的出现，激发了学者对语言研究的热潮，也促进了方言俗语研究工作的展开。《方言疏证》已成为现代语言学家考证古语俗字和现代方言调查的范本。不仅如此，《方言疏证》最先用"因声求义"的方式，运用方言词本身读音相近的，意义也往往相通的规律，以读破假借字或系联同源词的方式来研究字义。戴震重视审音，推崇"声转"，为现代语言研究开辟了一条新的道路。

清朝的乾隆、嘉庆时期是我国传统语文学发展最辉煌的一个阶段。这一阶段，语言学家人才辈出，优秀的语言典籍层出不穷。王念孙和王引之父子就是此中最为出色的代表。王念孙和王引之父子都为现代语言研究留下了值得学习和借鉴的鸿篇巨著，如王念孙的《广雅疏证》《读书杂志》和王引之的《经传释词》《经义述闻》等等。

　　清朝乾嘉学派的王念孙所作的《广雅疏证》，既有着中国语言学的传统意义，又触发了中国语言学的现代意义，不仅为研究传统语言学经典著作提供新思路，也为现代语言研究留下丰富的语言研究素材，同时还发展了"因声求义"的语言研究训诂方法。《广雅疏证》尤其在对同源词的研究上做出了突出贡献。同源词研究是现代语言研究的一个举足轻重的方面，《广雅疏证》为现代词源体系的建立奠定了坚实的基础。

　　中国方志藏书不计其数，由乾嘉学派所编纂的地方志所收录的方言资料丰富多彩。方言研究是语言研究的一个分支，做好方言研究有助于了解语言的历史演变过程，并且其对于语言理论的革新颇具价值。

　　王昶曾经在70岁退休后主修过《太仓州志》；乾隆四十六年（1781年），青浦县令杨卓邀约王昶留在万寿塔院专攻《青浦县志》。王昶主修过的《太仓州志》和《青浦县志》都收录了江苏一带的方言。

　　戴震曾经多年参与编辑修撰地方志。乾隆二十二年（1757年），戴震撰写出《金山志》。在46岁时，戴震在保定编辑修撰出《直隶河渠书》，全书共有一百一十卷，很遗憾的是这本书在当时并没有能够进行付刻。并且在不久后，王履泰不仅将这本书的一份书稿窃为已有，甚至还删削大半，使这本书变得面目全非，将其更名成《畿辅安澜志》后敬献给朝廷。乾隆三十四年（1769年），戴震到山西，汾州太守孙和相邀请戴震参与编辑修撰《汾州府志》三十四卷。第二年，寿阳县令又邀请戴震修整《寿阳志》的字句，并且编纂了《应州续志序》。第三年，戴震被邀请编纂《汾阳县志》，只不过很遗憾，这本书今已失传了。

　　章学诚从27岁起，跟随父亲编辑修撰《天门县志》。从清乾隆三十八年至五十八年（1773—1793年）间，章学诚接连编辑修撰或参与撰写的地方志有《和州志》《永清县志》《大名县志》《亳州志》《湖北通志》等，预修有《麻城县志》《常德府志》《荆州志》等。其中《天门县志》《湖北通志》《麻城县志》《荆州志》收录了湖北一带的方言，《和州志》《亳州志》收录了安徽一带的方言，《永清县志》《大名县志》收录了河北一带的方言，《常德府志》收录了湖南一带的方言。

作为乾嘉学派的代表人物，钱大昕十分看重方志编纂和对方志学的研究工作。钱大昕接连编辑修撰《热河志》《鄞县志》《长兴县志》。其中《热河志》收录了河北一带的方言，《鄞县志》《长兴县志》收录了浙江省一带的方言。

乾嘉学派为语言典籍证伪，校勘文字，同时收录各地的方言文字。现代语言学家利用古代典籍观察语言的情况，在语言典籍中可以看出语言的变化是有一定规律的。地方志中蕴含了丰富的历史文化底蕴，乾嘉学派整理各地地方志对语言研究有着重要意义。地方志是当地人对当地事的真实记载，透过地方志语言的记录，我们可以窥见不受政治因素约束的真实史实。传统语文学以研究书面语为主，更看重语言本身，研究目的是为了展现语言的全部情况，方便给经典文献资料作相应的注解，而现代语言学特别重视口头语的研究，重点则在于展现语言的规律及其本质。地方志以口头语记录为主，将当地人的口头描述经过润色汇集成册，已有比较明显的现代语言研究色彩，也是古代语言研究向现代语言研究转向的重要理论依据。由于地方志语言来源于民间，所以其语言具有大众化倾向，即语言深入浅出，通俗易懂，这也方便了现代语言学家的研读。不仅如此，地方志的语言是以当地人的语言为对象记载的，而人的思想观念是随着社会发展而不断进步的，同时语言是人的思想观念的反映，所以语言也会不断发展，这也体现了语言的人文性。传统语文学研究侧重语言的工具性，现代语言研究则是将语言的工具性和人文性统一起来，乾嘉学派学者编写的地方志打破了传统语文学研究的局限，推进语言研究的现代化进程。

（三）乾嘉学派对文字学、音韵学的整理奠定了现代语言的文字基础

清代时期的文字学内容以研究东汉许慎的《说文解字》为主，并且研究《说文解字》的风气开始于乾隆中期，此后越来越多的学者加入《说文解字》的研究，乾嘉时期尤为盛行。乾嘉学派关于《说文解字》研究的主要著作有段玉裁的《说文解字注》、王筠的《说文句读》等。

从文字的本质和文字形体的演变规律两方面，对古代文字学"取其精华，去其糟粕，推陈出新"，进而推动现代语言文字学的发展。王筠在《说文释例》中谈道："夫声之来也，与天地同始。未有文字以前，先是有声，依声以造字，而声即寓文字之内。故不独形声一门然也。先有日月之名，因造日月之文。现有上下之词，因造上下之文。"[5]其中"声"指口头语言，"文字"可以说是书面语言，语言是随着社会的出现而产生的，口头语言要先于书面语言的出现，文字的本质是记录语言，有表音这一属性，同时兼有表意的属性。有学者在探究乾嘉学派文字学时提及，文字的形体演变过程如下：古文 → 大篆 → 小篆 → 隶书 → 草书。这揭示了文字形体的发展是一步一步减省，是一个由难到易，由繁到简的，这就是段玉裁为我们描述的文字形体的演变。[6]由此可见，汉字形体的演变是有规律的。以简化为主的演变规律经历了一个渐变的过程，根据人们实际生活的需要，将纷繁复杂的文字形体逐渐变得通俗易懂，这有利于语言文字的普及化，也方便了人们进行沟通和交流。

乾嘉学派对古今字形之变的文字学方面的建树，有助于促成现代语言文字的标准化和规范化的进程。

不仅如此，乾嘉学派学者逐渐感悟到文字发展变化的不平衡性，作为记录语言的文字，其字音发展变化最快，相比较而言字形发展变化就要慢得多，字义发展变化也较为缓慢。

钱大昕曾在《诗经韵谱序》中提道："文字者，终古不易，而音声有

时而变。五方之民，言语不通，近而一乡一聚，犹各操土音，彼我相嗤，矧在数千年之久乎。"[7] 这体现出相对于记录语言的文字来说，语音更容易发生变化。并且我们可以从中看出钱大昕认为语音的演变是由地理环境造成的，不同地域的人所说的语言也不一样，同一语言在不同的地域也会有不同的发展变化规律。乾嘉学派在音韵学的整理中体现出语言的演变最关键的研究对象是音变。王念孙在《广雅疏证序》中说道："古今者，不定之名也。三代为古，则汉为今；汉魏晋为古，则唐宋以下为今。"[8] 这一论述为历史古今变化划分了明确的界限，也体现了语言的历时变化。钱大昕在探寻语音演变的过程中认识到语音演变的缘起是有一定规律的，也许跟方言有关，也许跟声转有关。钱大昕曾说过："古人之音，固有若相通者，如真与清、东与侵。间有数字相出入，或出于方言，或由于声转，要皆有脉络可寻，非全部任意可通。"[9]

乾嘉学派学者对语音演变做出对应阐述，认识到语音演变是有规律的，如钱大昕提出的汉语声母演变规律"古无舌头、舌上之分"说以及"古无轻唇音"；段玉裁提出的"古无去声"以及"同声必同部"。舌头音主要是"端、透、定"三声母，上古时没有舌上音，"知、彻、澄"三声母是钱大昕提到的声母规律，像"赌"是"箸"的读法，"都"是"猪"的读法，"徒"是"褚"的读法。在语言经过较长时间发展后，舌上音才将舌头音分化出来。钱大昕从《广韵》中看出轻唇音不多，里面大部分的轻唇音都能用重唇音代替，这也从侧面展示出唇音没有轻重的分别，像"扶服"读作"匍匐"，"汶山"读作"岷山"，"凤"读作"鹏"。段玉裁收集整理了先秦韵文，明确提出"古无去声"，他以魏晋时期为界限，认为魏晋时期以前没有去声字，在魏晋时期才由上声和入声演变成去声字。段玉裁从《说文解字》中分析出一条规律：要是两个形声字具备一样的声符，则这两个字肯定具备一样的韵部。像"孩"和"咳"具备一样的声符"亥"，那么都归属于"之"部。而西方语言学家直到19

世纪才提出语音演变规律无例外理论,即任何语音的变化都是规律性的变化,即便那些表面看来是孤立的、个体的变化也都能找到相应的规律。乾嘉学派对于语音演变是有规律的这一发现要早于西方一百年。

三、从赵元任等人的成就看乾嘉学派对现代语言研究的影响

乾嘉学派对现代语言研究的影响是十分重大的,赵元任、杨光荣、胡继明等现代语言学家都从中获益匪浅。接下来就乾嘉学派对赵元任、杨光荣、胡继明的影响进行阐述。

作为中国现代语言学的先驱,赵元任在语言学界的地位举足轻重。赵元任作为举世闻名的语言学家,著有《现代吴语的研究》《中国话的文法》《国语留声片课本》《国语新诗韵》《语言问题》等优秀文章。赵元任的文章不仅继承了外国语言的优秀成果,也以中国各地的方言为基础,探求语言学的真谛。

赵元任在中国现代语言学上获得巨大的成功,与他的语言研究立场和手段有着不可分割的关系。赵元任曾在《语言问题》中提道:"语言究竟是一个社会的自然发展现象,社会常常有复杂的情形,所以如果事实比理论复杂,如果事实并不规则,那么不能够削足适履,把事实硬放在太简单整齐的空架中。"[10] 赵元任对语言的研究立足于乾嘉学派求真务实的态度,以科学的眼光看待语言问题,他认为生搬硬套语言理论是不现实的。因为语言具有社会特性,必须要跟实际生活联系起来,所以我们要依照语言社会特性的要求,从实际出发,在继承已有的语言理论的基础上进行补充或者创新。赵元任遵循乾嘉学派求真务实的传统进行实地方言调查,不仅如此,他在调查的过程中对语言语音的分析还联系了乾嘉学派整理的语言典籍,运用了乾嘉学派学者的音韵学成果,以古代音韵考察汉语的古今变化。

杨光荣是现代著名语言学家,在继承了乾嘉学派传统语文学传统的

基础上，在"现代语言科学理论研究"和"中国语文现代化与国家语言文字推广"等方面做出了突出贡献。杨光荣在《汉字构字理据与汉语构词理据的交集》一文中解释了乾嘉学派代表人物段玉裁"形音义三者互相求"的著名训诂原则的内在机制，展现出文字与语言的关系是既分离又统一的辩证关系。杨光荣在《古籍整理研究学刊》等刊物刊登了一系列段玉裁校改东汉许慎《说文解字》的校勘研究论文，这些论文也是迄今为止研究段玉裁校改成就最为系统的一组校勘学论文。

胡继明继承乾嘉学派学者训诂学的成果，编写出《〈广雅疏证〉同源词研究》《〈广雅〉研究》等著作。胡继明的语言研究涉及各个方面，内容依靠收集大量典籍作为依据，并且与乾嘉学派学者的成果进行比较，除了体现乾嘉学派求真务实的态度，还体现了科学的现代语言研究方式。例如胡继明《〈广雅〉研究》同乾嘉学派代表人物王念孙的《广雅疏证序》进行了比对，更显其材料的真实性。传统语文学侧重于对语言材料的整理而忽略了对语言理论的总结，而胡继明克服了传统语文学的这种局限，将语言材料和现代语言学的词汇、语义理论联系起来，顺应了现代语言研究理论与材料并重的潮流。

四、结语

乾嘉学派提倡求真务实的态度，开一代朴学之风，对语言文字锱铢必较，用以书证书的方式证伪，对所保留的语言典籍精心编撰，这也体现了科学的理性精神，带有现代化色彩。乾嘉学派学者以科学的手段、认真的作风、求实的思维和朴实的文风对症下药地耕作在语言学这片沃土上，他们为后人保存下来了一笔丰厚而珍贵的遗产。乾嘉学派以科学的训诂方式完成的语言研究成果，保证了语言典籍以及所记录的语言理论的真实性和准确度。以戴震为代表的乾嘉学派学者们为现代语言学家夯实了语言学研究，尤其是古音学研究的基础。乾嘉学派学者的语言观与治学手段都为现代语言学家实施了优秀的榜样示范作用。如现代语言学家赵元任、杨光荣、胡继明的语言研究成果也是对乾嘉学派的继承中的创新。语言是社会人情的反映，任何一种语言都不可能是孤立存在的，也可以说一种语言象征了一种人类文明。语言使用者的世界观、人生观、价值观以及社会行为会影响其对语言的选择，不同的语言有着各自的社会属性。乾嘉学派所处的社会环境以及在传统语文学方面的成就，都会在某种程度上推动语言学发生巨大变动。现代语言研究的进步是在对传统语文学继承的基础上的一次又一次地更新，并且乾嘉学派所整理的语言典籍显露出语言的历时和共时的变化。乾嘉学派对现代语言学最大的贡献就是发现了语言演变是有规律的，并且这一发现要早于西方一百年，这也让现代语言研究焕发了新的活力。

本章参考文献：

[1] 章炳麟.訄书详注 [M].上海：上海古籍出版社，2000：132.

[2] 段玉裁.说文解字注 [M].上海：上海书店，1992：753.

[3] 梅耶.历史语言学中的比较方法 [M].北京：科学出版社，1957：11，19.

[4] 李小凡，项梦冰.汉语方言学基础教程 [M].北京：北京大学出版社，2009：1.

[5] 王筠.说文释例 [M].北京：中华书局，2011：87.

[6] 李奇瑞.从《说文解字注》看段玉裁对文字学的理论贡献 [J].江西师范大学学报（哲学社会科学版），1998，31（2）：51.

[7] 钱大昕.潜研堂文集 [M].北京：商务印书馆，1912：40.

[8] 段玉裁.广雅疏证序 [M].北京：北京大学出版社，2018：13.

[9] 钱大昕.钱大昕全集第九册 [M].南京：江苏古籍出版社，1997：568.

[10] 赵元任.语言问题 [M].北京：商务印书馆，2002：32.